A Dieu soit toute la gloire.

Je prie pour que Dieu vous bénisse pendant que vous étudiez le matériel. Qu'Il ouvre votre esprit pour recevoir cette information et en vivre.

André

Guide d'étude : Jacques

Série d'études bibliques sur les mots anciens

Andrew J. Lamont-Turner

Published by Andrew J. Lamont-Turner, 2024.

GUIDE D'ÉTUDE : JACQUES

First edition. August 5, 2024.

ISBN: 979-8227402486

Written by Andrew J. Lamont-Turner.

Table des Matières

Guide d'étude : James

Étude verset par verset du livre biblique de Jacques
Copyright Andrew J. Lamont-Turner 2024
Première édition : 2024

Les citations bibliques, sauf indication contraire, sont tirées de la New Covenant Theological Seminary Grammatically Corrected Contemporary English Bible®, Copyright © 2023 par New Covenant Theological Seminary. Utilisé sous licence.

Les références bibliques marquées WEB ont été tirées de la Bible mondiale anglaise. Domaine public.

L'auteur utilise Google Translate pour traduire cette étude dans différentes langues, l'anglais étant la langue originale.

Conception de la page de couverture par AJ Lamont-Turner
Photographie par
Jess Du Toit Photographie
jessejdt@gmail.com

Avant-propos

Le Livre de Jacques est une œuvre unique et significative dans le Nouveau Testament, offrant une sagesse intemporelle et des conseils pratiques aux croyants de toutes générations. En tant qu'épître profondément respectée, Jacques se distingue par son approche claire et directe de la vie chrétienne, abordant les aspects fondamentaux de la foi, de la moralité et de la conduite. Cette étude cherche à approfondir la riche mosaïque d'enseignements présentés dans Jacques, en explorant sa pertinence et son application pour les chrétiens contemporains.

Jacques, souvent appelé les « Proverbes du Nouveau Testament », présente des exhortations soulignant la nécessité de vivre sa foi de manière tangible. Il met les croyants au défi d'examiner l'authenticité de leur foi à travers leurs actions, insistant sur le fait que la foi authentique se démontre par les œuvres. Cette épître est particulièrement poignante dans son appel à l'intégrité, à la patience, à l'humilité et au rejet de la partialité au sein de la communauté chrétienne.

Tout au long de ce livre, nous parcourrons les cinq chapitres de James, disséquant ses messages importants et explorant comment ils s'appliquent aux problèmes d'aujourd'hui. James fournit un guide complet pour la transformation personnelle et communautaire, depuis les épreuves et tribulations qui mettent notre foi à l'épreuve, jusqu'au pouvoir de la prière et aux dangers de la langue.

Cette étude vise non seulement à mettre en évidence la sagesse pratique de Jacques, mais également à encourager une compréhension plus profonde des fondements théologiques de ses enseignements. En examinant le contexte historique, le public visé et les thèmes généraux, les lecteurs acquerront une vision plus globale du but de l'épître et de sa signification durable.

Le Livre de Jacques s'adresse aux croyants avec autant de puissance qu'il l'a fait à son public d'origine aujourd'hui. Dans un monde de défis et de distractions, Jacques nous rappelle une foi vécue avec sincérité et action. Cela nous rappelle que notre chemin de foi ne consiste pas simplement à faire preuve de piété personnelle, mais à avoir un impact sur notre monde à travers une vie juste et un service compatissant.

J'espère que ce livre inspirera et équipera les lecteurs pour qu'ils incarnent les principes énoncés dans James, favorisant une foi dynamique, active et transformatrice. Puissions-nous, comme Jacques, être des praticiens de la parole et non seulement des auditeurs, et que nos vies reflètent la vérité significative de notre foi dans tous ses aspects.

Dans le Christ,

André

Introduction à cette étude

Cette étude comprend des questions basées sur les différents versets de l'Écriture tirés du livre de Daniel.

La première partie de cette étude explore les informations générales du livre, par exemple, qui l'a écrit, quand, à qui, pourquoi et d'autres aspects du livre.

La deuxième partie met en évidence des versets du livre qui attirent particulièrement l'attention sur des principes spécifiques du livre de Daniel.

La troisième partie est l'étude verset par verset qui demande au lecteur de répondre aux questions et aux tâches à la fin de chaque chapitre. Si cela se fait dans un environnement de cellule, ces réponses doivent être discutées au sein du groupe.

Une fois tous les chapitres étudiés, des questions vraies, fausses et à choix multiples sont posées pour tester vos connaissances sur ce livre.

Supposons que vous utilisiez la version ebook de cette étude. Dans ce cas, il est conseillé d'avoir à portée de main un cahier pour noter les réponses aux questions. Un espace supplémentaire peut également être nécessaire pour répondre aux questions du test de connaissances.

Répondre aux questions n'est pas une course. Il convient de réfléchir attentivement à la rédaction des réponses, en particulier à l'application de ces questions et de leurs réponses dans la vie.

S'engager dans une étude biblique suggère que le lecteur reconnaît son besoin de comprendre les Écritures et la profondeur de la sagesse qui découle de la connaissance et de la compréhension de Dieu et de ses voies. Il s'agit d'un voyage spirituel, et cela prend du temps pour étudier les versets, leur signification telle que l'auteur l'a voulu et leur application dans la vie. Assurez-vous que la prière précède chaque étape du chemin, permettant au Saint-Esprit de vous guider et d'ouvrir votre cœur et votre esprit à la connaissance de Dieu.

Cette étude est importante car elle pourrait s'appliquer à la réalité de votre vie. En d'autres termes, cette étude considère la théologie du livre et d'autres principes dérivés du livre dans un cadre qui facilite l'application des principes à notre vie quotidienne. Cette étude n'est pas un commentaire et, bien que des informations spécifiques sur chaque livre soient fournies, elle ne s'engage pas dans une critique textuelle.

PARTIE 1 : Informations sur le livre

Écrivain

Il est largement admis que l'auteur de cette épître est Jacques, le demi-frère de Jésus-Christ, comme indiqué dans Galates 1 : 19. Il est également connu comme le frère de Jude, mentionné dans Matthieu 13 :55. Cette identification s'aligne sur les opinions de nombreux pères et écrivains de l'Église primitive. Il est important de noter que ce Jacques se distingue des autres personnages éminents du Nouveau Testament : il n'est pas le frère de l'apôtre Jean (fils de Zébédée), qui fut martyrisé au début de l'histoire de l'Église (Marc 1 :19 ; Actes 12 : 2), il n'est pas non plus le fils d'Alphée ni le père de Judas (Luc 6 : 16).

James, l'auteur, a joué un rôle important dans l'Église primitive de Jérusalem et a été reconnu comme un leader. Il a notamment pris la parole au Concile de Jérusalem, comme le relate Actes 15 : 13-21. Son leadership est mentionné dans Actes 12 :17 et Actes 21 :18. Certains commentateurs soutiennent que la similitude de style entre cette épître et le discours de Jacques dans Actes 15 soutient l'attribution de la paternité. Malgré d'éventuelles considérations linguistiques, il est plausible que Jacques, originaire de Galilée, maîtrisait l'araméen et le grec, ce qui explique la qualité du grec dans lequel l'épître est écrite.

But

L'épître de Jacques a un double objectif, comme l'ont souligné les érudits et les commentateurs tout au long de l'histoire. Premièrement, il vise à encourager ses lecteurs à endurer les épreuves avec patience et constance. Jacques souligne l'importance d'endurer fidèlement les difficultés et de faire confiance à la souveraineté et à la bonté de Dieu, même au milieu de l'adversité.

Deuxièmement, l'épître met en garde contre les erreurs doctrinales et les pratiques contraires à l'éthique dans les premières communautés chrétiennes. Jacques exhorte les croyants à vivre leur foi de manière pratique, en mettant l'accent sur les actes de compassion, l'intégrité dans la parole, l'humilité devant Dieu et l'engagement actif dans le partage avec les autres. Ses enseignements englobent tous les aspects de la vie chrétienne, guidant les croyants à manifester leur foi par des actions et des attitudes.

Une partie importante de la lettre de James s'adresse aux chrétiens juifs qui étaient confrontés à la persécution et à l'oppression, en particulier de la part des Juifs riches et influents au sein de leurs communautés. Jacques exhorte ces croyants à rester fermes dans leur foi, à résister aux pressions et aux tentations de la richesse et du pouvoir du monde et à maintenir leur intégrité au milieu de l'adversité.

L'épître de Jacques est une puissante exhortation à la maturité chrétienne et à la sainteté de la vie. Il met l'accent sur la vie chrétienne pratique, aborde l'intégrité doctrinale et encourage la persévérance face aux épreuves et à l'opposition. À travers ses enseignements, James fournit une sagesse intemporelle qui continue de guider les croyants dans la résolution des défis et dans la vie authentique de leur foi.

Date de rédaction

Selon Josèphe, Jacques, le frère de Jésus, est mort en 62 après JC, date qu'il a associée à la mort de Portius Festus. Cela place l'écriture de l'épître de Jacques avant cette époque. Certains érudits soutiennent que l'absence de référence de Jacques au Concile de Jérusalem de 49 après JC suggère une date de composition antérieure. Cependant, cet argument est discutable car l'épître aborde des questions différentes de celles discutées au concile, rendant les références explicites inutiles.

Traditionnellement, on croit que Jacques a écrit cette épître au début de l'histoire de l'Église chrétienne. De nombreux érudits, dont moi-même, penchent pour une composition datant du milieu à la fin des années 40, peut-être autour de 45-48 après JC. Certains proposent même une date antérieure, dès 34 ou 35 après JC. L'absence de références à d'autres épîtres du Nouveau Testament dans Jacques soutient en outre l'idée de sa composition précoce. Il existe un soutien considérable en faveur de la datation ancienne traditionnelle de l'épître de Jacques, sans aucune raison substantielle d'en douter.

Public

Les destinataires de l'épître de Jacques étaient principalement des chrétiens juifs vivant dans la diaspora, dispersés depuis la Palestine. Maintenant disciples du Christ (Jacques 1 : 1). Tout au long de la lettre, de nombreuses références soulignent son contexte juif, renforçant l'idée qu'elle a été écrite par un auteur juif pour un public juif. Des versets tels que Jacques 1:18, 2:2, 2:21, 3:6 et 5:4, 5:7 contiennent un langage et des thèmes qui résonnent fortement dans les contextes culturels et religieux juifs, mettant l'accent sur l'histoire et la foi communes des Juifs. l'écrivain et ses lecteurs visés.

Lieu d'écriture

Puisque Jacques a probablement passé la majeure partie ou la totalité de sa vie chrétienne à Jérusalem, il est largement admis qu'il a écrit son épître depuis cette ville. Son lien profond avec Jérusalem ressort clairement des documents historiques, indiquant qu'il ne s'est pas engagé dans de vastes activités missionnaires qui le classeraient comme apôtre.

Selon Eusèbe, un historien écrivant au IVe siècle, Jacques connut une fin tragique à Jérusalem. Il raconte que Jacques fut renversé du sommet du temple, qui s'élevait à 170 pieds au-dessus de la vallée du Cédron. Après avoir survécu à la chute, il a été lapidé, puis un foulon, qui était un laveur de vêtements du premier siècle, l'a achevé en lui frappant la cervelle avec un gourdin. Ce récit met en lumière le martyre de Jacques, soulignant la gravité des persécutions auxquelles sont confrontés les premiers dirigeants chrétiens de Jérusalem.

Fonctionnalités spéciales

L'épître de Jacques se distingue par ses caractéristiques uniques au sein du corpus du Nouveau Testament. Premièrement, il semble avoir été conçu comme une forme écrite d'un discours public ou d'un sermon destiné à être lu à haute voix lors des premiers rassemblements chrétiens. Cela s'aligne sur la critique rhétorique contemporaine, mettant l'accent sur ses racines orales traduites sous forme écrite.

Ses traits distinctifs sont l'absence de références personnelles à des individus spécifiques parmi ses destinataires et l'absence d'une bénédiction finale conventionnelle. Au lieu de cela, Jacques emploie un nombre frappant d'impératifs, avec des commandements apparaissant à une fréquence inégalée dans les autres écrits du Nouveau Testament.

L'épître se distingue par sa riche utilisation de figures de style et d'analogies, dépassant même l'usage collectif des lettres de Paul. Jacques s'inspire largement des écritures de l'Ancien Testament, faisant référence à plus de 20 livres et intégrant des récits et des personnages tels qu'Abraham, Rahab, Job et Elie, ainsi que des allusions aux dix commandements et à la loi mosaïque. Cela témoigne de son caractère profondément juif, reflétant les enseignements et le contexte culturel des premières communautés judéo-chrétiennes.

L'imagerie de la nature est également présente en bonne place dans Jacques, faisant écho au style d'enseignement des rabbins juifs de son époque et en résonance avec les enseignements de Jésus, tels qu'ils sont consignés dans le Sermon sur la Montagne. Il est intéressant de noter que malgré ces liens, les mentions directes de Jésus-Christ sont rares et n'apparaissent que deux fois dans l'épître.

Martin Luther a exprimé des réserves à propos de l'épître de Jacques, la qualifiant d'« épître de paille » en raison de l'accent mis sur les œuvres plutôt que sur la foi, ce qu'il considérait comme en conflit avec les enseignements de Paul sur la justification par la foi seule. La position de Luther a souligné les débats théologiques de son époque, mettant en évidence les tensions entre les différentes orientations théologiques au sein du christianisme primitif.

L'épître de Jacques reste une partie distinctive et précieuse du Nouveau Testament, mêlant exhortation éthique et profondeur théologique et reflétant une perspective unique dans la diversité des premiers écrits chrétiens.

La critique de Luther à l'égard de l'épître de Jacques découlait de son interprétation selon laquelle Jacques se concentrait sur le fait de devenir chrétien (justification), ce qui semblait entrer en conflit avec l'accent mis par Paul sur la justification par la foi seule. Cependant, de nombreux érudits soutiennent que la principale préoccupation de Jacques était de savoir comment les chrétiens devraient vivre leur foi (sanctification) plutôt que l'acte initial de devenir croyant.

Il est crucial de comprendre que Jacques a probablement écrit avant que Paul n'écrive l'une de ses lettres, indiquant que leurs perspectives théologiques n'étaient pas en dialogue direct. Par conséquent, interpréter James à travers une lentille paulinienne peut conduire à des malentendus sur l'intention originale de James. En fait, les enseignements de Jacques s'alignent bien avec les enseignements éthiques de Jésus, en particulier ceux trouvés dans le Sermon sur la montagne, suggérant une continuité plutôt qu'un conflit au sein de la pensée chrétienne primitive.

L'Épître de Jacques et l'Évangile de Matthieu partagent de nombreux parallèles et références thématiques, ce qui indique qu'ils ont probablement été écrits à peu près à la même époque, à la fin des années 40 après JC. Les deux écrits s'adressent à des communautés chrétiennes similaires et mettent l'accent sur la maturité spirituelle, la sagesse et l'importance d'une vie juste. , en particulier parmi les personnes économiquement défavorisées.

L'épître de Jacques se caractérise par son orientation pratique et éthique plutôt que par son discours théologique profond. Il s'inspire stylistiquement de sources telles que les Proverbes, les dénonciations prophétiques et les paraboles de Jésus, présentant ses enseignements de manière claire et directe. Cette approche simple en fait l'un des livres les moins théologiques du Nouveau Testament, mettant l'accent sur la vie chrétienne pratique au-dessus des complexités doctrinales aux côtés de Philémon.

L'épître de Jacques offre des informations précieuses sur les dimensions éthiques de la foi chrétienne, en se concentrant sur la façon dont les croyants devraient vivre fidèlement à la lumière de leur engagement envers le Christ plutôt que d'approfondir les doctrines théologiques.

Trois thèmes théologiques importants émergent dans l'épître de Jacques, reflétant ses enseignements fondateurs. Au premier rang d'entre eux se trouve la doctrine de Dieu, qui est soulignée tout au long de la lettre. Jacques met en évidence la souveraineté, la bonté et la sainteté de Dieu, guidant les croyants à aligner leur vie selon sa volonté.

Conformément à son orientation pratique et éthique, Jacques met également l'accent sur la doctrine du péché. L'épître aborde à plusieurs reprises la fragilité humaine, le pouvoir destructeur du péché et le besoin de repentance et de rectitude morale dans la vie chrétienne.

Étonnamment, l'eschatologie – l'étude théologique de la fin des temps – est un autre thème important chez Jacques. Bien qu'il s'intéresse principalement à la vie chrétienne pratique, Jacques incorpore des enseignements sur l'espérance future des croyants, le jugement de Dieu et les récompenses éternelles qui attendent ceux qui persévèrent dans la foi.

Lorsque l'on considère la disposition des épîtres du Nouveau Testament, il existe une symétrie notable dans leurs thèmes et leurs accents. Hébreux met l'accent sur la foi, complété par l'accent mis par Jacques sur les bonnes œuvres. Premièrement, Pierre se concentre sur l'espoir futur, suivi par Second Pierre qui met l'accent sur la croissance spirituelle présente. Les épîtres de Jean mettent l'accent sur l'amour, contrebalancé par l'appel de Jude à lutter avec ferveur pour la foi. Cette progression thématique culmine à juste titre dans le livre de l'Apocalypse, qui promet la victoire ultime à ceux qui restent fidèles au Christ.

Les épîtres du Nouveau Testament fournissent collectivement un cadre complet de foi chrétienne et de pratique dans cette progression structurée. Ils abordent les doctrines fondamentales, les impératifs éthiques et l'espoir futur, guidant les croyants dans leur cheminement spirituel vers la maturité et la persévérance.

Comprendre le livre de Jacques

Le Livre de Jacques se concentre intensément sur l'intégration de la foi et du comportement, soulignant que la vraie foi en Dieu devrait naturellement aboutir à des actions qui s'alignent sur Sa volonté. À la base, James expose le thème de « vivre par la foi » ou atteindre la maturité spirituelle. Son style d'écriture ressemble à une série de sermons raffinés conçus pour une publication plus large afin de guider les croyants vers une compréhension et une application plus significatives de leur foi.

James donne la priorité au comportement chrétien, considérant l'éthique comme l'expression extérieure d'une croyance intérieure. Bien qu'il aborde les doctrines chrétiennes, sa principale préoccupation réside dans la manifestation pratique du salut dans la vie quotidienne – ce qu'il décrit souvent comme « la foi dans le cuir des chaussures ». Cet accent met en évidence son désir que les croyants vivent leur foi de manière tangible, reflétant la puissance transformatrice de la grâce de Dieu à travers leurs actions et leurs attitudes.

Les enseignements de Jacques s'inspirent largement du Sermon de Jésus sur la montagne. Dans ce discours éthique crucial, Jésus a exposé les principes d'une vie juste. Jacques fait de nombreuses références ou allusions à ce sermon, en particulier dans Matthieu 5 à 7, reflétant sa compréhension et son application profondément enracinées des enseignements de Jésus. Par exemple, l'appel à la justice de Jésus dans Matthieu 5 : 20, dépassant celui des scribes et des pharisiens, trouve un écho dans l'accent mis par Jacques sur la démonstration d'un comportement juste de manière pratique.

Jésus a exposé l'objectif des croyants d'être parfaits, comme l'illustre le Père céleste (Matthieu 5 : 48). Cet appel à la maturité pour ressembler à Christ résonne dans toutes les exhortations de Jacques. Il clarifie et développe cet objectif à travers ses enseignements sur divers comportements, exhortant les croyants à rechercher la maturité spirituelle et la fermeté dans leur marche chrétienne.

L'épître de Jacques sert de guide pratique pour la vie chrétienne, profondément enracinée dans les enseignements éthiques de Jésus-Christ. Il met les croyants au défi d'intégrer leur foi à l'action, en s'efforçant d'atteindre la maturité et la justice tout en affrontant les défis et les joies de suivre le Christ.

Jésus a fourni des informations significatives sur le comportement chrétien et la croissance spirituelle dans le Sermon sur la montagne. Trois révélations clés de ce sermon forment un cadre fondateur que Jacques développe dans son épître. Ces idées sont cruciales pour comprendre comment les croyants peuvent mûrir dans leur marche chrétienne.

Premièrement, Jésus a souligné dans Matthieu 5 : 20 la justice exceptionnelle dont les croyants devraient faire preuve, en la comparant à la justice superficielle des scribes et des pharisiens. Cela établit la norme en matière de conduite éthique, incitant les croyants à rechercher l'approbation de Dieu plutôt que les louanges humaines. James s'appuie sur cela en démontrant comment ce principe s'applique pratiquement dans divers aspects de la vie, exhortant ses lecteurs à vivre pour l'approbation de Dieu plutôt que de rechercher la validation des autres.

Deuxièmement, Jésus a enseigné dans Matthieu 5 : 48 que les croyants doivent s'efforcer d'atteindre la perfection, sur le modèle de la perfection du Père céleste. Cet appel à la maturité en Christ sous-tend l'exhortation de Jacques tout au long de son épître, alors qu'il aborde des comportements et des attitudes spécifiques qui reflètent cet objectif de perfection spirituelle.

Troisièmement, Jésus a mis en garde contre la pratique de la justice pour être vu par les autres dans Matthieu 6 : 1. Il a encouragé les croyants à vivre avec sincérité et humilité, en recherchant l'approbation de Dieu seul. Jacques développe cet enseignement en illustrant comment la foi authentique doit se manifester de manière pratique, en particulier face aux épreuves et aux défis.

Jacques aligne étroitement ses enseignements sur ces principes fondamentaux du Sermon sur la montagne. Par exemple, dans le chapitre 1 de son épître, Jacques aborde le comportement consistant à répondre aux épreuves avec patience et endurance, révélant le dessein de Dieu en utilisant les épreuves pour développer la maturité personnelle des croyants. Il souligne que supporter les épreuves avec foi conduit à la croissance spirituelle et à la fermeté.

Dans le chapitre 2, Jacques affronte le comportement fondé sur les préjugés, en soulignant le désir de Dieu que les croyants aiment tout le monde. Il explique que la foi authentique devrait naturellement se traduire par des actions qui démontrent l'impartialité et l'amour, luttant ainsi contre les effets de division des préjugés.

L'épître de Jacques est une exposition pratique des enseignements de Jésus dans le Sermon sur la montagne, guidant les croyants à vivre leur foi de manière authentique et à mûrir spirituellement. Il montre le lien indissociable entre la foi et les œuvres, soulignant que la vraie vie chrétienne implique la foi en Christ et une vie transformée qui reflète ses enseignements.

Au chapitre 3 de l'épître de Jacques, l'accent est mis sur la puissance de notre parole. Jacques enseigne que Dieu désire que les croyants utilisent leurs paroles pour bénir les autres – Dieu lui-même et les autres êtres humains. La méthode pour atteindre cet objectif consiste à rechercher et à appliquer la sagesse de Dieu, qui nous permet de prononcer des paroles qui construisent et encouragent.

Passant au chapitre 4, James aborde les conflits au sein des relations personnelles interpersonnelles et intérieures. Ici, le but de Dieu est que les croyants recherchent et maintiennent la paix avec les autres. La méthode que Jacques prescrit est la soumission à Dieu, c'est-à-dire s'abandonner à sa volonté et à ses conseils dans la gestion des conflits externes ou internes.

Le chapitre 5 met l'accent sur l'utilisation de l'argent. Jacques enseigne que le but des croyants est d'utiliser leurs ressources pour servir les autres plutôt que d'accumuler égoïstement des richesses. Pour atteindre cet objectif, Jacques conseille de faire preuve de patience et de confiance dans les provisions et les conseils de Dieu, ainsi que de prier sincèrement pour rechercher sa sagesse et sa direction en matière financière.

Le style d'écriture de James est souvent décrit comme concis et percutant, semblable à un collier de perles où chaque paragraphe constitue une entité distincte mais interconnectée dans son thème et son objectif.

En appliquant les enseignements de l'épître de Jacques, deux affirmations peuvent être soulignées : Premièrement, la vie de foi est semée de défis et d'obstacles que les croyants doivent surmonter pour atteindre l'objectif de Dieu d'un comportement juste. James identifie trois principales sources d'opposition :

L'esprit ou la philosophie dominante du monde, qui encourage souvent à éviter les épreuves (chapitre 1), le favoritisme envers les personnes influentes (chapitre 2), l'auto-promotion par la parole (chapitre 3), l'affirmation des droits personnels (chapitre 4) et la recherche incessante de la richesse (chapitre 5).

Pour vivre fidèlement selon les enseignements de Jacques, les croyants sont appelés à affronter et à résister à ces influences du monde, en adoptant plutôt les principes de Dieu d'endurance, d'humilité et d'altruisme dans tous les aspects de la vie.

Jacques souligne la nécessité de nier les convoitises de notre chair comme un aspect crucial de la vie de la foi chrétienne. Dans son épître, Jacques utilise métaphoriquement le terme « chair » (grec : sarx) pour désigner notre nature humaine pécheresse – l'inclination aux désirs égoïstes et aux comportements pécheurs hérités d'Adam avant notre régénération spirituelle.

Tout au long de sa lettre, James identifie trois sources principales d'opposition auxquelles les croyants doivent faire face dans leur cheminement de foi.

Premièrement, la chair représente notre nature pécheresse, nous poussant à nous livrer à des désirs égoïstes et à céder aux tentations, en particulier lors des épreuves (Chapitre 1). Il favorise l'amour de soi plutôt que l'amour des autres (chapitre 2), l'auto-glorification au lieu de l'humilité et du service (chapitre 3), l'affirmation de soi plutôt que la soumission à Dieu (chapitre 4) et un comportement égoïste au lieu de la générosité envers les autres. (Chapitre 5).

Deuxièmement, Jacques exhorte les croyants à résister au diable, qui s'oppose activement à l'œuvre de Dieu visant à produire la justice dans nos vies. Satan trompe en suggérant que Dieu est indifférent ou hostile envers nous à travers les épreuves (Chapitre 1), favorise le favoritisme pour un gain personnel (Chapitre 2), encourage l'auto-promotion dans le discours (Chapitre 3), favorise l'affirmation de soi au lieu de la soumission (Chapitre 4).), et prône la thésaurisation des richesses plutôt que leur utilisation responsable (chapitre 5).

Jacques souligne que la vie chrétienne n'est pas seulement un péril mais aussi une source de pouvoir. La foi, affirme-t-il, est la clé pour surmonter ces périls. Il transcende les philosophies du monde, fortifie les croyants contre l'attrait des désirs pécheurs et les fortifie contre les attaques du diable . Ainsi, Jacques encourage une vie caractérisée par une confiance et une obéissance continuelles à Dieu, en contraste avec les comportements mondains et autonomes des incroyants.

En résumé, l'épître de Jacques appelle à une foi inébranlable et à l'obéissance en Dieu au milieu des épreuves et des tentations. Il met les croyants au défi de s'appuyer sur la sagesse et la force de Dieu pour surmonter les défis de la vie et vivre d'une manière qui reflète le pouvoir transformateur de la foi en Christ.

Contour

1. Introduction et essais (Chapitre 1)

- Salutations et objectif (1:1)
- La joie dans les épreuves (1:2-4)
- La sagesse dans les épreuves (1:5-8)
- La perspective des riches et des pauvres (1:9-11)
- Endurance dans les épreuves (1:12-18)
- Entendre et mettre en pratique la parole (1:19-27)

2. Foi et œuvres (Chapitre 2)

- Le péché du favoritisme (2 : 1-13)
- Foi et œuvres (2:14-26)

3. Apprivoiser la langue (Chapitre 3)

- Le pouvoir de la langue (3 : 1-12)
- La sagesse d'en haut (3 : 13-18)

4. Sagesse et mondanité (Chapitre 4)

- Plaisirs mondains contre volonté de Dieu (4 : 1-10)
- Humilité devant Dieu (4 : 11-17)

5. Patience et prière (Chapitre 5)

- Avertissement aux riches (5 : 1-6)
- Patience dans la souffrance (5 : 7-12)
- Le pouvoir de la prière (5 : 13-18)
- Ramener le vagabond (5:19-20)

Thèmes théologiques

Le Livre de Jacques, niché dans le Nouveau Testament, présente un cadre solide de connaissances théologiques mêlées à une sagesse pratique pour la vie chrétienne. Écrite par Jacques, demi-frère de Jésus et dirigeant éminent de l'Église primitive, cette épître aborde les aspects fondamentaux de la foi et de la conduite essentiels pour les croyants.

Foi et œuvres :

L'un des thèmes théologiques centraux chez Jacques est la relation entre la foi et les œuvres. Jacques soutient avec insistance que la foi authentique en Christ doit se manifester par des actions pratiques et une vie juste. Il déclare : « La foi en elle-même, si elle n'a pas les œuvres, est morte » (Jacques 2 : 17, WEB). Cette position théologique met l'accent sur l'inséparabilité de la croyance et du comportement, soulignant que la vraie foi produit des fruits visibles dans la vie d'un croyant.

Sagesse et discernement :

Jacques met l'accent sur la sagesse et le discernement, exhortant les croyants à rechercher la sagesse de Dieu dans chaque décision et circonstance. Il oppose la sagesse terrestre, caractérisée par l'ambition égoïste et la discorde, à la sagesse céleste, marquée par la pureté, la paix et la fécondité (Jacques 3 : 13-18). Ce thème théologique souligne l'importance d'aligner ses pensées et ses actions sur la sagesse divine de Dieu, ce qui conduit à une vie juste et à des relations harmonieuses.

Endurance et persévérance :

Un autre thème théologique important chez Jacques est l'endurance au milieu des épreuves et des défis. Jacques encourage les croyants à considérer toute cette joie lorsqu'ils font face à diverses épreuves, sachant que les épreuves produisent la fermeté et la maturité dans la foi (Jacques 1 : 2-4). Ce thème met en évidence le pouvoir transformateur des épreuves pour façonner le caractère des croyants et renforcer leur dépendance à l'égard de Dieu. Il reflète une perspective théologique qui considère les épreuves non pas comme des obstacles mais comme des opportunités de croissance spirituelle et d'intimité plus profonde avec Dieu.

Sainteté pratique et vie juste :

L'épître de Jacques met également l'accent sur la sainteté pratique et une vie juste comme expressions d'une foi authentique. Il aborde des questions telles que le bon usage des richesses, l'impartialité envers les autres, le contrôle de la langue et l'humble soumission à la volonté de Dieu. Ces exhortations pratiques reflètent la conviction théologique de Jacques selon laquelle le christianisme authentique implique une doctrine correcte, une intégrité éthique et une pureté morale dans la vie quotidienne.

Espoir et jugement eschatologiques :

Enfin, James intègre les thèmes du jugement eschatologique et de la récompense divine de son cadre théologique. Il met en garde contre les dangers de la mondanité et de l'autosuffisance, rappelant aux croyants le retour imminent du Christ et la responsabilité à laquelle chacun sera confronté devant le tribunal de Dieu (Jacques 4 :12 ; 5 :7-9). Cette perspective théologique motive les croyants à vivre dans l'attente et l'attente du royaume à venir du Christ, en mettant l'accent sur les implications éternelles de leur foi et de leur conduite actuelles.

Le Livre de Jacques offre une riche tapisserie de thèmes théologiques qui résonnent profondément avec les défis et les aspirations du disciple chrétien. Il appelle les croyants à une foi active et transformatrice qui embrasse à la fois la croyance au Christ et une vie caractérisée par des actions justes, la sagesse, l'endurance dans les épreuves, la sainteté pratique et une anticipation pleine d'espoir du retour du Christ. En tant que tel, James reste un guide intemporel pour comprendre le lien indissociable entre les vérités théologiques et leur mise en œuvre pratique dans la vie des croyants.

PARTIE 2 : Étude verset par verset

Jacques chapitre 1 : 1-27

Salutation

1:1 Jacques, serviteur de Dieu et du Seigneur Jésus-Christ, Aux douze tribus dispersées : Salut.

Jacques, l'auteur de l'épître adressée aux premiers croyants chrétiens, se présente humblement et distinctement. Connu comme la forme grecque du nom hébreu « Jacob », Jacques a probablement la particularité d'être le demi-frère de Jésus-Christ. Son voyage de foi a commencé plus tard pendant le ministère terrestre de Jésus, comme mentionné dans Jean 7 : 5 et affirmé dans les récits des apparitions de Jésus après la résurrection (1 Cor. 15 : 7). Au fil du temps, Jacques est devenu un leader éminent au sein de l'Église de Jérusalem, jouant un rôle central au début de son histoire, comme indiqué dans Galates 2 :9 et Actes 15 :13-21.

Malgré son lien familial avec Jésus, Jacques choisit de ne pas souligner cette relation dans son introduction à l'épître. Au lieu de cela, il s'identifie comme « un serviteur [doulos] de Dieu et du Seigneur Jésus-Christ ». Ce terme « serviteur » signifie son dévouement et sa soumission complète à Dieu le Père et à Jésus-Christ, illustrant son engagement spirituel significatif. Il est intéressant de noter que Jacques et son frère Jude sont les seuls parmi les écrivains du Nouveau Testament à se décrire uniquement comme des serviteurs , ce qui témoigne de leur reconnaissance et de leur stature au sein de la première communauté chrétienne.

Le choix délibéré de James de se concentrer sur sa servitude envers Dieu et Jésus-Christ plutôt que sur ses liens familiaux met en évidence sa profonde maturité spirituelle et sa perspective théologique. En s'alignant comme serviteur de Dieu et de Jésus, Jacques affirme leur égalité et leur dévouement inébranlable à leur autorité et à leur seigneurie. Cette déclaration fait écho à des expressions similaires à celles d'autres personnages du Nouveau Testament. Il met en évidence la compréhension significative de Jacques de son rôle au sein de l'ordre divin et de l'Église chrétienne primitive.

L'introduction de Jacques établit son identité et son autorité en tant qu'auteur de l'épître. Il met en évidence sa position spirituelle importante en tant que serviteur dévoué de Dieu et de Jésus-Christ. Son humble auto-description donne le ton de l'épître, mettant l'accent sur les thèmes de l'obéissance, de la fidélité et du statut exalté de Jésus en tant que Seigneur aux côtés de Dieu le Père.

Dans l'introduction de son épître, Jacques choisit le terme « serviteur » (grec : doulos) non pas comme une marque de servilité mais plutôt comme un insigne d'honneur et de dévouement significatif. Ce terme, qui au premier siècle avait un sens nuancé, était utilisé dans la Septante pour décrire des dirigeants estimés tels que Moïse, David et les prophètes, des individus qui occupaient des positions privilégiées et honorées en Israël (Deut. 34 : 5 ; 2 Sam. . En s'identifiant comme un dolos de Dieu et du Seigneur Jésus-Christ, Jacques déclare fièrement sa soumission complète et volontaire à la fois à Dieu le Père et à Jésus-Christ.

Pour James, le terme doulos résume son dévouement sans réserve au service de Jésus-Christ. Cela signifie non seulement une servitude de position, mais un engagement relationnel profond et une allégeance spirituelle. Cette auto-description introductive donne le ton thématique à toute son épître, en se concentrant sur la façon dont les croyants devraient vivre selon leur identité de serviteurs du Seigneur Jésus-Christ.

Jacques adresse sa lettre aux « douze tribus dispersées », une expression communément comprise comme faisant référence aux chrétiens juifs vivant en dehors de la Palestine (Matt. 19 : 28 ; Actes 26 : 7). Alors que certains érudits suggèrent que Jacques aurait pu destiner sa lettre aux Juifs croyants et incroyants, le contenu de l'épître vise clairement à instruire et à encourager les croyants dans leur marche chrétienne. Les thèmes de la foi, des œuvres, de la sagesse, de l'endurance et de la vie juste imprègnent la lettre de Jacques, offrant des conseils pratiques à ceux qui s'efforcent de vivre fidèlement en tant que disciples de Jésus-Christ.

L'utilisation par James du terme doulos met en évidence sa position estimée en tant que serviteur dévoué de Dieu et de Jésus-Christ, soulignant son engagement spirituel important et préparant le terrain pour ses enseignements sur la vie chrétienne authentique. Son épître reste un appel intemporel à une foi authentique exprimée par des actes justes, la recherche de la sagesse et une persévérance inébranlable, reflétant le pouvoir transformateur d'une vie abandonnée au service du Seigneur Jésus-Christ.

L'épître de Jacques commence par une salutation adressée aux « douze tribus dispersées », une expression qui fait traditionnellement référence aux chrétiens juifs dispersés hors de Palestine (Matt. 19 :28 ; Actes 26 :7). Cette désignation met en évidence la perspective de James sur l'unité et la continuité d'Israël englobant les douze tribus, rejetant la notion de tribus perdues et affirmant une vision holistique de l'identité d'Israël.

Ces destinataires, probablement des membres de l'Église de Jérusalem qui se sont dispersés après le martyre d'Étienne (Actes 8 :1, 4 ; 11 :19-20), ont reçu la lettre de Jacques quelle que soit leur situation géographique. Que ce soit en Palestine ou au-delà, le message de Jacques transcende des lieux spécifiques, offrant des conseils normatifs aux chrétiens juifs et païens. Ses enseignements reflètent une unité en Christ qui comble les frontières ethniques et géographiques, mettant l'accent sur les principes communs de foi et de vie juste.

Contrairement aux interprétations qui suggèrent que « les douze tribus » représentent symboliquement l'Église comme un nouvel Israël, Jacques maintient une compréhension littérale enracinée dans l'héritage juif. Tout au long du Nouveau Testament, « Israël » fait systématiquement référence aux descendants physiques de Jacob, faisant écho à son utilisation dans l'Ancien Testament. L'épître de Jacques confirme donc cette compréhension traditionnelle sans introduire d'innovations théologiques concernant la composition de l'Église.

La maîtrise du grec de James est évidente à travers ses choix éloquents de grammaire, de syntaxe et de vocabulaire. Sa salutation grecque commune « Salutations » (grec : chairein) reflète sa familiarité avec les conventions hellénistiques. Cela donne un ton accueillant à son épître. Bien qu'il écrive à un public juif, James utilise le langage et le style de la littérature grecque contemporaine, garantissant ainsi clarté et accessibilité à ses lecteurs.

Les remarques introductives de James établissent son épître comme un témoignage d'une vie chrétienne fondée sur la tradition juive et sur des principes chrétiens plus larges. Sa voix autoritaire et sa prose claire invitent les lecteurs, quels que soient leurs origines ou leur situation géographique, à embrasser la foi, à pratiquer la justice et à vivre selon les enseignements de Jésus-Christ.

Test de votre foi

Jacques ouvre son épître par une exploration significative des épreuves. Ce thème résonne profondément avec les expériences des premiers chrétiens juifs et reste d'actualité pour les croyants d'aujourd'hui. S'adressant à une communauté familière avec la persécution et l'opposition – des expériences courantes pour les convertis juifs dans l'Église primitive – James fournit des conseils inspirés qui transcendent le contexte historique pour offrir une sagesse durable.

Pour les juifs convertis de l'Église primitive, la décision de suivre le Christ entraînait souvent une intense hostilité de la part de leurs compatriotes juifs qui n'acceptaient pas Jésus comme le Messie. Cet antagonisme et cette persécution, décrits de manière frappante dans le Livre des Actes, ont souligné les défis auxquels sont confrontés ceux qui sont restés fermes dans leur foi au milieu de la pression et du rejet de la société.

Dans sa lettre, la façon dont Jacques traite les épreuves reflète un souci pastoral de doter les croyants d'une perspective positive face à l'adversité. Il ne considère pas les épreuves comme des expériences dénuées de sens ou simplement douloureuses. Néanmoins, il demande à ses lecteurs de les considérer à travers le prisme de la foi et de la persévérance. En encourageant l'endurance et en favorisant un état d'esprit qui considère les épreuves comme des instruments entre les mains de Dieu, Jacques enseigne que ces défis servent à façonner les croyants pour qu'ils deviennent des vases qui glorifient Dieu.

La valeur des épreuves, selon James, réside dans leur pouvoir transformateur. Plutôt que des obstacles à la foi, les épreuves deviennent des opportunités de croissance, d'affinement du caractère et d'approfondissement de la maturité spirituelle. Les paroles de Jacques résonnent à travers les générations, rappelant aux chrétiens de tous âges que supporter les épreuves avec fidélité conduit à une foi renforcée et plus résiliente.

L'enseignement de Jacques sur les épreuves invite les croyants à adopter une perspective fondée sur la foi, reconnaissant que Dieu travaille à travers les difficultés pour transformer son peuple en vases d'honneur et de témoignage. Ce message fondamental reste éternellement pertinent, offrant des encouragements et des conseils durables pour surmonter les défis de la vie avec une confiance inébranlable dans les desseins souverains de Dieu.

1:2 Considérez cela comme une joie, mes frères, lorsque vous rencontrez des épreuves de toutes sortes,

Dans sa discussion sur les épreuves, Jacques englobe un large éventail de défis auxquels les croyants sont confrontés. Ces épreuves ne se limitent pas à des difficultés spécifiques comme des revers financiers ou des crises personnelles, mais englobent toute situation qui met à l'épreuve la foi, l'intégrité ou la fermeté d'une personne à suivre la volonté de Dieu.

Le mot grec traduit par « épreuves » ou « tentations » (peirasmois) a un sens nuancé au-delà des simples difficultés extérieures. Cela dénote un test ou une preuve de sa fidélité, de son intégrité, de sa vertu et de sa constance. Cela inclut les pressions externes, les adversités, les luttes internes et les tentations qui détournent les individus des desseins de Dieu.

Jacques précise que ces épreuves ne sont pas simplement des événements aléatoires mais sont des situations dans lesquelles les croyants sont tentés de réagir de manière contraire à la volonté de Dieu. Il souligne que ces épreuves servent de tests de foi, mettant les croyants au défi de rester fermes et obéissants à Dieu plutôt que de succomber à un comportement ou à des attitudes pécheresses.

Le contexte de la lettre de Jacques met en valeur son auditoire : il s'adresse à eux à plusieurs reprises comme « mes frères et sœurs » tout au long de l'épître, affirmant leur statut de compagnons croyants en Christ. Ce discours familial, qui apparaît 15 fois dans la lettre, indique que Jacques écrit aux chrétiens qui naviguent dans les complexités de la vie de leur foi dans un monde difficile.

Surtout, Jacques ne doute pas de l'authenticité de leur foi. Même dans des passages comme Jacques 2 : 14-26, où il discute de la relation entre la foi et les œuvres, Jacques assume le véritable engagement de ses lecteurs envers Christ. Cette compréhension fondamentale façonne les exhortations et les enseignements de Jacques tout au long de la lettre, les ancrant dans la réalité de la vie chrétienne au milieu des épreuves et des tentations.

Le traitement des épreuves par James englobe à la fois les difficultés externes et les luttes internes, soulignant que ces expériences permettent aux croyants de grandir dans la foi et de démontrer leur engagement envers Dieu. Ses conseils restent pertinents aujourd'hui, encourageant les chrétiens à affronter les épreuves avec foi, sachant que Dieu utilise ces difficultés pour renforcer et affiner leur caractère.

James a conseillé à ses lecteurs d'aborder les épreuves et les tentations avec une perspective qui peut sembler contre-intuitive à première vue : la joie. Il n'a pas suggéré qu'ils se réjouissent des épreuves, comme si la douleur et la souffrance étaient intrinsèquement bonnes. Au contraire, il les encourageait à trouver de la joie dans la croissance et la maturité spirituelles résultant d'épreuves fidèlement endurées.

Lorsque Jacques dit : « Comptez toute la joie, mes frères et sœurs, lorsque vous rencontrez diverses épreuves » (Jacques 1 : 2), il ne prône pas une attitude masochiste qui célèbre la douleur. Au lieu de cela, il met les croyants au défi de considérer leurs épreuves comme des opportunités de raffinement spirituel et de développement. Cette perspective déplace l'attention de l'inconfort des épreuves vers les résultats bénéfiques que Dieu peut produire à travers elles.

L'expression « toute joie » peut également être comprise comme « joie pure », mettant l'accent sur une joie non diluée et non affectée par les circonstances. Ce genre de joie ne dépend pas de facteurs externes. Pourtant, cela est enraciné dans une confiance profonde dans la souveraineté de Dieu et dans ses desseins de permettre les épreuves.

Jacques reconnaît que les épreuves viennent du monde, de notre nature pécheresse (la chair) et de notre opposition spirituelle (le diable). Jacques enseigne que les chrétiens peuvent réagir avec joie malgré leurs origines, car les épreuves conduisent à la persévérance, à la maturité et à une confiance plus profonde en Dieu (Jacques 1 : 3-4).

Par conséquent, Jacques encourage les croyants à maintenir une attitude de joie même au milieu des difficultés, sachant que Dieu peut utiliser ces difficultés pour produire une foi ferme et mature. Cette perspective biblique nous met au défi de faire confiance à la sagesse et à la bonté de Dieu, croyant qu'il peut apporter croissance et transformation à travers toutes les épreuves auxquelles nous sommes confrontés.

1:3 car vous savez que l'épreuve de votre foi produit la fermeté. 1:4 Et que la fermeté produise tout son effet, afin que vous soyez parfaits et accomplis, ne manquant de rien.

Selon James, les épreuves jouent un rôle important dans la vie d'un croyant : elles ne sont pas des souffrances arbitraires mais des outils intentionnels que Dieu utilise pour affiner et mûrir notre foi. James commence par exhorter ses lecteurs à considérer les épreuves comme des opportunités de croissance et de développement spirituel plutôt que comme de simples sources de douleur ou d'inconvénients.

Le mot grec pour « tester » (dokimion) utilisé par Jacques implique de démontrer la véritable qualité ou le caractère de quelque chose par le biais d'un essai. Tout comme le feu teste et affine l'or pour révéler sa pureté, les épreuves testent et révèlent la profondeur et l'authenticité de notre foi en Dieu. Pour les croyants, les épreuves mettent à l'épreuve notre confiance et notre obéissance à Dieu, nous poussant au-delà de nos limites et nous mettant au défi de nous appuyer davantage sur sa force et sa sagesse.

Jacques souligne que ces épreuves, lorsqu'elles sont endurées avec une patiente endurance (hypomonen), produisent de l'endurance, de la fermeté et de la persévérance dans notre cheminement de foi (Jacques 1 : 3-4). Cette endurance ne consiste pas seulement à supporter passivement les difficultés, mais à rester activement ferme dans la foi au milieu des épreuves, comme rester ferme dans une tempête.

Le but, comme le dit Jacques, est que les croyants deviennent « parfaits et complets », ne manquant de rien (Jacques 1 : 4). Cette perfection (holokleros) fait référence au fait d'être pleinement développé et mûri dans tous les domaines essentiels de la vie, accomplissant ainsi le but pour lequel Dieu nous a appelés. Il s'agit d'atteindre notre potentiel le plus élevé en Christ, de grandir à l'image du Christ lui-même (Matthieu 5 : 48).

Par conséquent, au lieu d'essayer d'échapper aux épreuves ou d'en ressentir du ressentiment, Jacques encourage les croyants à les accepter avec joie. Cette joie ne consiste pas à célébrer la douleur mais à se réjouir de l'œuvre de transformation que Dieu accomplit à travers les épreuves. C'est une reconnaissance du fait que Dieu utilise les épreuves pour nous perfectionner, pour nous rapprocher de Son objectif pour nos vies.

Jacques enseigne que les épreuves ne sont pas des obstacles à notre foi mais des opportunités pour qu'elle s'approfondisse et mûrisse. En endurant les épreuves avec foi et patience, les croyants peuvent grandir dans la plénitude de la ressemblance avec Christ et devenir des témoins efficaces de la gloire de Dieu dans le monde. Cette perspective nous met au défi d'accepter les épreuves comme faisant partie du processus de raffinement de Dieu, confiants qu'Il travaille toutes choses ensemble pour notre bien ultime et Sa gloire.

Jacques introduit un concept important dans son épître : vivre par la foi. Ce thème, qui imprègne toute la lettre, met en évidence la concrétisation pratique d'une foi authentique dans la vie quotidienne des croyants. Pour Jacques, la foi n'est pas simplement un événement passé de justification, mais un style de vie continu caractérisé par la confiance en Dieu et l'obéissance à ses commandements.

Comme le proposent certains érudits, l'expression « épreuves d'une foi vivante » résume l'accent mis par Jacques sur le lien indissociable entre la foi et l'action. Il aborde la manière dont la foi authentique se manifeste dans la conduite et les choix du croyant, en particulier face aux épreuves, aux tentations et aux défis quotidiens.

James identifie un problème clé parmi ses lecteurs : une compréhension déformée du salut par la foi et ses implications pour la vie chrétienne quotidienne. Il s'attaque à l'idée fausse selon laquelle la foi peut exister indépendamment des œuvres ou selon laquelle le simple assentiment intellectuel aux doctrines est suffisant pour une vie chrétienne dynamique. Au lieu de cela, James soutient avec passion que la vraie foi doit inévitablement produire des fruits visibles dans le comportement et les attitudes du croyant.

Ce thème ouvre la voie à la discussion ultérieure de Jacques au chapitre 2, où il aborde la relation entre la foi et les œuvres. Il montre que la foi authentique devrait naturellement aboutir à des actions qui reflètent le caractère et la volonté de Dieu lorsqu'elles sont mises à l'épreuve par les épreuves et les défis. La préoccupation de James n'est pas seulement théorique ; c'est profondément pratique, visant à guider ses lecteurs vers une vie de maturité spirituelle et d'intégrité.

Jacques met les croyants au défi de vivre leur foi de manière authentique dans tous les aspects de la vie. Il les exhorte à accepter les épreuves pour démontrer leur confiance en Dieu et permettre à leur foi de façonner leurs réponses au monde qui les entoure. Cet appel à « vivre par la foi » sert de cri de ralliement aux chrétiens pour qu'ils alignent leurs croyances sur leurs actions, garantissant que leur vie témoigne du pouvoir transformateur d'une véritable relation avec le Christ.

1:5 Si quelqu'un d'entre vous manque de sagesse, qu'il la demande à Dieu, qui donne à tous généreusement et sans reproche, et elle lui sera donnée.

Dans sa lettre, Jacques aborde un aspect essentiel de la vie chrétienne : le besoin de sagesse pour traverser efficacement les épreuves. Il reconnaît que les épreuves révèlent souvent des déficiences, notamment un manque de sagesse, plus précisément de la sagesse divine nécessaire pour endurer les défis avec une bonne perspective.

Lorsque Jacques parle de sagesse (grec : sophia), il s'appuie sur la tradition de la littérature de sagesse de l'Ancien Testament, où la sagesse est décrite comme la compréhension et l'application de la vérité révélée de Dieu dans la vie quotidienne. Il ne s'agit pas simplement d'une connaissance intellectuelle, mais aussi d'une vision pratique qui aligne la vie d'une personne sur l'ordre et la volonté justes de Dieu (Hiebert, 1978). Cette sagesse, affirme James, est essentielle pour les croyants confrontés à des épreuves, car elle leur permet de voir ces difficultés du point de vue de Dieu plutôt que de celui du monde.

Dans le contexte biblique plus large, la sagesse est souvent associée au Saint-Esprit, qui accorde la compréhension et guide les croyants dans une vie selon les principes de Dieu. Cela correspond à l'enseignement de Jacques selon lequel le chrétien sage se soumet à la vérité révélée de Dieu, en particulier dans les Écritures.

James souligne que même si le monde cherche à éviter les épreuves à tout prix, les considérant comme des expériences purement négatives, la perspective chrétienne devrait être différente. Plutôt que de chercher à s'échapper, les croyants sont encouragés à accepter les épreuves avec joie, sachant qu'elles servent un objectif transformateur dans leur croissance spirituelle. Cette perspective contraste fortement avec la sagesse du monde, qui donne souvent la priorité au confort immédiat et à l'évitement de l'inconfort.

En associant la sagesse à la capacité d'endurer les épreuves avec joie et fidélité, Jacques met en évidence la concrétisation pratique de la foi. La sagesse permet aux croyants de répondre aux épreuves non pas par le désespoir ou l'évasion, mais par la fermeté et une confiance approfondie en Dieu. Cette compréhension est cruciale pour le thème général de Jacques : vivre par la foi. Ce thème imprègne sa lettre et guide les croyants vers la maturité et la plénitude en Christ.

Dans l'exhortation de Jacques concernant la sagesse, il souligne la nature essentielle de la compréhension de la vie du point de vue de Dieu. Il encourage les croyants à rechercher continuellement cette sagesse par la prière, en utilisant un impératif actif présent en grec qui signifie une action continue, ce qui implique que demander la sagesse devrait être une pratique régulière (Hodges, 1102).

Jacques assure aux croyants que Dieu répond généreusement à ceux qui recherchent sincèrement la sagesse. Il utilise des termes comme « librement » et « gracieusement » pour décrire l'attitude de Dieu à l'égard de l'octroi de la sagesse, soulignant que Dieu donne sans reproche ni réserve. Cela signifie que Dieu ne retient pas les échecs passés contre le pétitionnaire ni ne refuse la sagesse en se fondant sur des défauts futurs (Hiebert, 224).

Cette promesse du don généreux de Dieu est enracinée dans son caractère de Père aimant et sage qui désire que ses enfants grandissent en compréhension et en maturité. Cela reflète le principe biblique selon lequel Dieu prend plaisir à accorder la sagesse à ceux qui la demandent humblement, en ayant confiance en Sa provision (Ésaïe 42 :3 ; Matthieu 12 :20).

Cependant, James précise que la sagesse que Dieu accorde n'est pas nécessairement une brillance intellectuelle ou un QI plus élevé, mais plutôt la capacité de discerner et d'adopter la perspective de Dieu sur les épreuves et les défis. Cela correspond à l'enseignement plus large de Jacques sur le fait d'endurer les épreuves avec joie et persévérance, sachant que ces expériences contribuent à la croissance et à la maturité spirituelles (Wiersbe , 13).

Par conséquent, les instructions de Jacques sur la recherche de la sagesse soulignent l'importance d'aligner sa compréhension sur la vérité de Dieu, en particulier dans la manière dont les croyants abordent et endurent les épreuves. Cette quête de sagesse est essentielle pour surmonter les difficultés de la vie d'une manière qui honore Dieu et reflète sa sagesse et sa grâce.

1:6 Mais qu'il demande avec foi, sans douter, car celui qui doute est comme une vague de la mer poussée et agitée par le vent.

Dans l'enseignement de Jacques sur la prière et la foi, il souligne le rôle essentiel de la foi comme fondement d'une prière efficace. Selon la compréhension biblique, demander « avec foi » implique de croire aux promesses de Dieu ou à sa capacité d'agir même lorsque des promesses spécifiques ne sont pas formulées (Matthieu 8 :1-4 ; Marc 4 :35-41).

Jacques souligne que la foi est la condition essentielle de la prière, impliquant une confiance totale dans la fidélité et la puissance de Dieu (Hiebert, 225). L'expression « sans aucun doute » dans la traduction du NASB est mieux comprise comme demandant « avec foi, sans motivations divisées ni attitudes qui divisent » (Hodges, 1102). Cela montre clairement que Jacques s'intéresse à une foi indivise, sincère et entièrement dépendante de Dieu.

Lorsque les croyants prient avec des motivations divisées ou avec un cœur incrédule, Jacques les compare aux vagues de l'océan secouées par des forces extérieures, telles que le vent (kludon en grec), qui perturbent leur stabilité et leur consistance (Maire, 31). Cette métaphore illustre comment un manque de foi et de cohérence dans la confiance dans la volonté de Dieu peut conduire à une instabilité dans la vie d'un croyant, un peu comme la façon dont les vagues sont entraînées par des pressions externes plutôt que par la fermeté interne du Saint-Esprit.

L'analogie avec les vagues poussées par le vent met en évidence la nécessité pour les croyants d'ancrer fermement leur foi dans le caractère et les promesses de Dieu, en résistant à la tendance à hésiter ou à se laisser influencer par les circonstances. Tout comme les vagues de la mer fluctuent en fonction des conditions extérieures, la foi d'un croyant peut également faiblir sans une confiance inébranlable dans la souveraineté et la bonté de Dieu.

Par conséquent, les instructions de Jacques encouragent les croyants à prier Dieu avec une foi inébranlable, en ayant confiance en sa capacité d'agir selon sa volonté et ses desseins. Cette foi inébranlable renforce la vie de prière et favorise la stabilité spirituelle au milieu de circonstances fluctuantes.

1:7 Car cette personne ne doit pas supposer qu'elle recevra quoi que ce soit du Seigneur;

Les luttes d'un tel individu sont à la fois subjectives et objectives. Subjectivement, ils ont le sentiment que leurs circonstances dictent leur chemin plutôt que de faire confiance aux conseils de Dieu. Objectivement, ces défis sont réels – à la merci d'événements incontrôlables. Ce type d'incohérence, décrit comme étant « irrésolu » ou « instable » (Jacques 1 : 8), reflète une résistance à l'œuvre transformatrice de Dieu à travers les épreuves.

Au lieu de permettre aux épreuves d'affiner leur caractère et leur foi, Dieu doit les éduquer sur leur attitude face à ces défis. Dans le contexte de Jacques 1, le terme « n'importe quoi » (Jacques 1 :7) fait principalement référence à la sagesse (Jacques 1 :5). Si une telle personne ne fait pas entièrement confiance à Dieu (« demandez avec foi », Jacques 1 : 6), elle perd la confiance qui naît du fait de savoir que Dieu est souverain sur ses épreuves. Par conséquent, ils ne peuvent pas s'attendre à recevoir du Seigneur la sagesse spirituelle dont ils ont besoin.

À une échelle plus large, le manque de confiance en Dieu mine l'assurance de croire en sa vérité révélée, qui englobe son contrôle sur tous les aspects de la vie.

1:8 c'est un homme irrésolu, instable dans toutes ses voies.

Dans ce passage, le terme « double d'esprit » (grec : dipsychos , lit. à deux âmes ; cf. Jacques 4 :8) décrit quelqu'un qui ne fait que partiellement confiance à Dieu et lui obéit, manquant de cohérence dans sa foi. Une telle personne se caractérise par des opinions ou des allégeances divisées, semblables à des individus comme Lot (cf. Genèse 13-19), qui vacillaient dans leur loyauté. Jésus a également parlé de l'impossibilité de servir deux maîtres (Matthieu 6 : 24), soulignant l'instabilité inhérente à une dévotion partagée.

Selon le texte, l'individu « irrésolu » est instable et instable, faisant preuve d'une foi inconstante et vacillante semblable à quelqu'un qui chancelle ou chancelle comme une personne ivre. Ce conflit intérieur est une bataille continuelle entre la confiance et la méfiance envers Dieu.

En revanche, Jacques encourage les chrétiens à rechercher le point de vue de Dieu sur les épreuves (Jacques 1 :3-4) par la prière. Il enseigne que les croyants peuvent trouver de la joie même dans les épreuves qui les tentent de s'éloigner de la volonté de Dieu. Cette joie vient du fait de savoir que rester fidèle dans l'adversité permet à Dieu d'utiliser ces défis pour produire une maturité spirituelle et se glorifier. Ainsi, les épreuves deviennent des opportunités de croissance et d'alignement avec les desseins de Dieu.

1:9 Que le frère humble se vante de son exaltation,

Jacques poursuit son exhortation en exhortant ses lecteurs à aligner leur point de vue sur celui de Dieu concernant leurs épreuves (Jacques 1 : 2-4). Aujourd'hui, il étend ces conseils pour englober tous les aspects de leur situation.

Dans Jacques 1 :9, il s'adresse aux croyants matériellement pauvres, les encourageant à trouver la joie en concentrant leurs pensées sur leurs richesses spirituelles – leur position élevée en Christ. Ce changement de perspective les met au défi de voir au-delà de leur manque matériel immédiat et de reconnaître la valeur éternelle et la dignité qu'ils possèdent en tant qu'enfants de Dieu. Cette richesse spirituelle contraste avec leur pauvreté terrestre, leur rappelant que leur véritable identité et leur valeur se trouvent dans leur relation avec Dieu plutôt que dans leurs possessions matérielles.

L'enseignement de Jacques met en évidence le pouvoir transformateur de l'adoption du point de vue de Dieu. En adoptant cette perspective, les croyants peuvent trouver joie et force même dans des circonstances difficiles, tout en ancrant leur identité et leur espoir dans les promesses et les bénédictions immuables de Dieu.

1:10 et le riche dans son humiliation, car il passera comme la fleur de l'herbe.

Jacques s'adresse aux riches matériellement, les avertissant de se souvenir de la nature éphémère de leurs richesses, qui « passeront ». Il les encourage à reconnaître leur véritable position devant Dieu, marquée par l'humilité plutôt que par la fierté de leur richesse. Cela contraste fortement avec l'accent que la société accorde généralement à la réussite matérielle et au statut.

L'expression « se glorifier de son humiliation » (Jacques 1 : 10) met en évidence la nature paradoxale de la foi chrétienne, où embrasser l'humilité et reconnaître sa pauvreté spirituelle devant Dieu devient une source de véritable honneur. Cette idée reflète le thème biblique selon lequel Dieu exalte les humbles et abaisse les orgueilleux (Luc 18 : 14).

James utilise des images vives pour illustrer l'impermanence de la richesse matérielle. Il compare les richesses des riches à l'herbe qui se fane et aux fleurs qui se fanent, s'appuyant sur le langage prophétique d'Ésaïe 40 :6-8. Cette métaphore souligne non seulement la nature éphémère des possessions terrestres, mais rappelle également la brièveté de la vie elle-même.

Les commentateurs se demandent si Jacques s'adresse spécifiquement aux croyants ou à un public plus large avec son avertissement aux riches. Alors que certains soutiennent que Jacques fait probablement référence à des croyants riches, peut-être des chrétiens juifs, étant donné le contexte (Jacques 1 :1 ; 5 :1-6), d'autres suggèrent une application plus large, englobant à la fois les croyants et les non-croyants. Quoi qu'il en soit, le message de Jacques résonne universellement : la richesse matérielle n'a aucune valeur éternelle face à la mort et au jugement divin (1 Timothée 6 :9-10, 17-19).

En fin de compte, les enseignements de Jacques invitent chacun, quelle que soit sa situation matérielle, à trouver sa vraie valeur et sa sécurité dans la sollicitude gracieuse et aimante de Dieu, transcendant les richesses et les honneurs terrestres éphémères.

1:11 Car le soleil se lève avec sa chaleur brûlante et sèche l'herbe ; sa fleur tombe et sa beauté périt. De même , l'homme riche disparaîtra dans ses activités.

« La fleur » de « l'herbe », telle que décrite par James, représente sa phase verte et vibrante lorsqu'elle est à son apogée de santé et de vitalité. Cependant, cette croissance luxuriante cède rapidement la place au flétrissement et au brunissement dans le climat aride du Moyen-Orient, symbolisant la nature éphémère de la prospérité et de la beauté de la vie (cf. Matthieu 6 : 30). De la même manière, Jacques utilise cette imagerie pour avertir les riches que leur abondance matérielle, comme l'herbe florissante, peut aussi rapidement disparaître (« mourir ») (Jacques 1 :10 ; 4 :13).

Le contraste entre les riches et les pauvres met en lumière une vérité spirituelle plus profonde : les distinctions terrestres n'ont aucune signification durable à la lumière de l'éternité. Le commentaire d'un riche incroyant à propos d'un pauvre ami chrétien met en évidence cette perspective, révélant que même si la richesse matérielle reste à la mort, le croyant fidèle hérite de la vie éternelle (cf. Jacques 1 : 10).

Jacques enseigne que les épreuves et les triomphes dans la vie sont temporaires. Cette compréhension sert à tempérer notre endurance face aux difficultés et nous préserve d'un excès de confiance en période de succès (Jacques 1 : 2-4). En reconnaissant la nature éphémère des circonstances terrestres, les croyants sont encouragés à cultiver une foi résiliente qui reste inébranlable à chaque époque de la vie.

La section introductive de Jacques (Jacques 1 :2-11) s'harmonise avec sa conclusion (Jacques 5 :7-20). Les deux segments soulignent l'importance de la patience dans l'adversité (Jacques 1 :2-4 ; 5 :7-12) et le pouvoir de la prière en toutes circonstances (Jacques 1 :5-8 ; 5 :13-18). Ils partagent également une focalisation thématique sur les diverses expériences et contrastes de la vie (Jacques 1 :9-11 ; 5 :19-20), illustrant l'approche holistique de Jacques en matière de sagesse spirituelle et de vie pratique dans la foi chrétienne.

1:12 Bienheureux l'homme qui demeure ferme dans l'épreuve, car lorsqu'il aura surmonté l'épreuve, il recevra la couronne de vie, que Dieu a promise à ceux qui l'aiment.

Jacques a dévoilé le but transformateur des épreuves dans la vie des chrétiens, illustrant comment Dieu les utilise pour affiner et perfectionner les croyants. Il souligne l'importance d'obtenir le point de vue de Dieu sur les épreuves, en particulier lorsque leur objectif peut sembler obscurci par les difficultés.

À l'avenir, James aborde les conséquences de l'obéissance et de la désobéissance et explore les origines des tentations. Son objectif est de doter ses lecteurs de la compréhension nécessaire pour gérer efficacement leurs épreuves et rester ferme dans leur foi.

À la lumière de l'utilisation prévue des épreuves par Dieu, Jacques encourage les croyants à persévérer avec joie dans la volonté de Dieu. Il souligne que tout défi externe entraîne également une tentation interne – une attrait pour le péché (Jacques 1 : 14). Par conséquent, ceux qui endurent les épreuves sans succomber à ces tentations démontrent leur amour pour Dieu. Ici, Jacques utilise le même mot grec pour les épreuves qu'au verset 2, se concentrant maintenant sur l'aspect négatif des tentations qui accompagnent les épreuves.

Ceux qui endurent fidèlement de graves épreuves, résistant aux tentations par amour pour Dieu, se voient promettre « la couronne de vie » (Jacques 1 : 12), faisant écho à l'assurance donnée dans Apocalypse 2 : 10. Cette couronne représente la récompense ultime : une vie éternelle accomplie et une position exaltée auprès du Christ, réservée à ceux qui restent fidèles à travers les épreuves (Matthieu 5 :3-10 ; 5 :11-12).

Jacques précise que cette « vie que Dieu a promise » dépasse le don initial de la vie éternelle reçu lors du salut (Jean 5 : 24). Cela signifie une qualité de vie supérieure, accordée en récompense d'une persévérance fidèle au-delà de la foi initiale.

Cependant, Jacques lance également un avertissement sobre à travers l'analogie d'Ésaü, qui a méconnu son droit d'aînesse pour une gratification immédiate (Genèse 25 : 29-34). De même, les chrétiens qui sous-estiment leur héritage spirituel risquent de perdre leurs bénédictions. Bien qu'ils soient héritiers des promesses de Dieu, ceux qui négligent leur droit de naissance spirituel risquent d'être rejetés de la bénédiction ultime réservée aux fidèles.

En résumé, Jacques appelle les croyants à persévérer dans leur foi au milieu des épreuves, en résistant aux tentations qui les accompagnent, garantissant ainsi la récompense éternelle promise par Dieu à ceux qui l'aiment et restent fermes dans l'obéissance.

Jacques souligne l'importance cruciale d'un véritable amour pour Dieu parmi les chrétiens, soulignant que tous ceux qui prétendent avoir la foi n'incarnent pas vraiment cet amour (Jacques 1 : 12). Même Jésus a jugé nécessaire d'exhorter ses disciples quant à leur amour pour lui (Jean 14 : 21-24), révélant que l'amour pour Dieu se manifeste le plus profondément lors des épreuves et des défis.

Le concept de recevoir des couronnes dans les Écritures symbolise diverses récompenses accordées aux croyants fidèles plutôt que des couronnes physiques littérales. Ces récompenses symboliques mettent en valeur des qualités telles que la fidélité, l'endurance, le leadership, la loyauté envers Christ, l'évangélisation, la condition de disciple et la victoire sur le monde (1 Corinthiens 9 :25 ; 1 Thessaloniciens 2 :19 ; 2 Timothée 4 :8 ; Jacques 1 :12 ; Apocalypse 2:10 ; 1 Pierre 5:4).

Ces couronnes et autres métaphores comme les métaux précieux et les vêtements signifient les récompenses éternelles qui attendent les croyants qui démontrent leur amour pour Dieu en persévérant dans les épreuves et en restant fermes dans leur foi. Ils englobent non seulement la promesse d'une vie éternelle abondante, mais incluent également des bénédictions telles que le règne avec Christ, l'intimité avec Lui, ainsi que l'acceptation éternelle et la louange de Dieu.

Les croyants peuvent espérer un futur héritage qui comprend l'entrée dans le royaume de Dieu, la vie éternelle et la participation à la gloire du règne du Christ. Ceux qui endurent fidèlement les épreuves et démontrent leur amour pour Dieu hériteront de ces bénédictions dans leur plein potentiel dans le présent et dans le futur.

1:13 **Que personne ne dise lorsqu'il est tenté : « Je suis tenté par Dieu », car Dieu ne peut être tenté par le mal, et il ne tente personne.**

Jacques clarifie une distinction cruciale concernant les épreuves et la tentation dans la vie des croyants. Il déclare sans équivoque que Dieu n'est jamais la source de la tentation (Jacques 1 : 13). Contrairement à certaines croyances erronées de certains Juifs qui attribuaient l'existence de l'impulsion mauvaise à la création de Dieu, Jacques affirme que Dieu, étant totalement séparé du péché, ne peut être associé à la tentation de pécher (Jacques 1 : 13).

En termes théologiques, bien que Dieu permette que des épreuves et des défis se produisent dans nos vies – comme celles illustrées dans l'histoire de Job (Job 1-2) – Il ne nous tente pas activement de pécher. Les sources ultimes de tentation sont le monde, la chair (nature humaine encline au péché) et le diable (Jacques 4 :7 ; 1 Pierre 5 :8). Ces éléments, que James ne mentionne pas explicitement dans ce passage, sont les principaux facteurs d'influence qui conduisent les individus à commettre des actes pécheurs.

L'enseignement de Jacques s'aligne sur les instructions de Jésus à ses disciples concernant la prière, en particulier dans le Notre Père, où Jésus utilise une figure de style (litotes) pour insister sur le fait de demander à Dieu de ne pas nous soumettre à la tentation (Matthieu 6 :13 ; Luc 11 :4). . Cette phrase ne doit pas être interprétée comme impliquant que

Dieu tente activement son peuple, mais souligne plutôt l'importance de rechercher sa direction et sa protection contre l'attrait de la tentation.

L'implication pratique de l'enseignement de Jacques est que les croyants doivent s'appuyer sur la force de Dieu pour résister à la tentation et persévérer dans les épreuves sans attribuer la tentation à Dieu. Cette compréhension renforce la nécessité de dépendre continuellement de la direction et de la grâce de Dieu , en particulier dans l'adversité, pour maintenir une marche fidèle avec Lui.

1:14 Mais chacun est tenté lorsqu'il est attiré et séduit par son désir.

Jacques met l'accent sur la responsabilité personnelle lorsqu'on cède à la tentation plutôt que de l'attribuer à Dieu. Il précise que Dieu, dans sa sainteté et sa bonté, ne répond pas positivement au péché. Pourtant, être sensible aux désirs pécheurs fait partie de la nature humaine (Jacques 1 : 13).

Le terme « désir » (épithymie), souvent traduit par « luxure », a un sens plus large dans le Nouveau Testament, englobant non seulement les passions sexuelles mais aussi les désirs égoïstes et illicites. Jacques souligne que ces désirs proviennent de nous et reflètent notre nature déchue (Jacques 1 :14). Cela contraste avec le caractère de Dieu, qui reste inébranlablement saint et juste.

Comprendre la distinction entre Dieu permettant les épreuves et nous tenter activement est crucial. Jacques fait un parallèle avec la paternité terrestre : tout comme un père aimant ne cherche pas à conduire son enfant dans le péché mais lui permet de relever des défis et de faire des choix moraux pour grandir et mûrir, Dieu nous permet également d'affronter les épreuves, y compris les tentations, pour notre croissance spirituelle (Jacques 1 :18 ; Luc 11 :13). Dieu, en tant que Père parfait, ne donne que de bons cadeaux à ses enfants, recherchant leur croissance et leur maturité plutôt que leur chute morale.

En termes pratiques, reconnaître que les tentations proviennent de nous-mêmes ou de sources externes, mais pas de Dieu, aide les croyants à aborder les épreuves avec un esprit de responsabilité et de confiance dans la direction de Dieu. Comme un enseignant compétent qui teste les élèves pour favoriser leur croissance, Dieu permet que les épreuves renforcent notre foi et notre caractère, dans le but toujours de mûrir spirituellement et de nous rapprocher de Lui. Cette perspective encourage les croyants à rechercher la sagesse et la force de Dieu pour résister à la tentation tout en saisissant les opportunités de croissance présentées par les épreuves.

1:15 Alors le désir, une fois conçu, donne naissance au péché, et le péché, une fois développé, enfante la mort.

Dans le contexte de l'enseignement de Jacques, la « convoitise » fait référence à tout désir qui cherche à se satisfaire en dehors de la volonté de Dieu. Cela englobe les désirs secrets cachés dans le cœur et les actions manifestes qui se manifestent comme un péché si elles ne sont pas contrôlées (Jacques 1 : 14-15). Si rien n'est fait, la convoitise mène inévitablement au péché, et le péché non repenti aboutit finalement à la mort spirituelle et souvent physique (Romains 6 :21-23 ; 8 :6).

James illustre de manière frappante cette progression avec l'analogie de la conception, de la naissance et de la mort. Lorsque la convoitise conçoit et donne naissance au péché, le résultat final est la mort – la séparation spirituelle d'avec Dieu (Jacques 1 : 15). Ce concept contraste fortement avec le désir de Dieu de conduire les croyants vers la plénitude de la vie et avec la promesse de la couronne de vie pour ceux qui endurent fidèlement les épreuves (Jacques 1 : 12).

L'identification par Mayor de sept étapes successives de tentation met en évidence comment céder à la luxure implique un abandon progressif de la volonté aux désirs pécheurs plutôt que de se soumettre à la direction de Dieu (Jacques 1 : 14). Ce processus graduel, s'il n'est pas contrôlé, éloigne encore plus les individus du chemin de justice prévu par Dieu.

L'analogie de Martin Luther avec les oiseaux qui volent au-dessus de nous mais ne nichent pas dans les cheveux montre que même si les tentations peuvent survenir, les croyants peuvent résister à leur céder en étant vigilants et en s'appuyant sur la force de Dieu (Jacques 4 : 7).

En fin de compte, le message de Jacques oblige les croyants à affronter la gravité du péché et ses graves conséquences. L'imagerie de la mort nous rappelle brutalement que le chemin du péché mène loin de la vie abondante de Dieu et mène à la mort spirituelle. En revanche, résister à la tentation mène à la plénitude de la vie promise par le Christ (Jean 10 : 10).

En résumé, Jacques exhorte les croyants à étouffer le péché dans l'œuf de la luxure en exerçant une vigilance sur leurs désirs, en s'appuyant sur la force de Dieu et en obéissant à sa volonté. Cette fermeté garantit que les croyants marchent sur le chemin de la vie, obtenant les récompenses éternelles promises à ceux qui endurent fidèlement les épreuves.

1:16 Ne vous y trompez pas, mes frères bien-aimés.

Jacques aborde la question du caractère de Dieu et de ses relations avec ses enfants, dans le but de dissiper tout doute ou idée fausse sur la bonté et les intentions de Dieu (Jacques 1 : 16). Cette défense théologique du caractère de Dieu est connue sous le nom de « théodicée », qui cherche à justifier la justice et la bonté de Dieu malgré la présence du mal et de la souffrance dans le monde.

Jacques emploie l'expression emphatique « Ne vous laissez pas tromper », utilisée ailleurs dans les Écritures pour mettre en garde contre une mauvaise compréhension des voies de Dieu (1 Corinthiens 6 :9 ; 15 :33 ; Galates 6 :7 ; 1 Jean 3 :7). Il affirme sans équivoque que Dieu n'est pas la source de la tentation du péché (Jacques 1 : 13). Pour illustrer ce point, Jacques fait référence à l'exemple d'Abraham, que Dieu a mis à l'épreuve en lui ordonnant de sacrifier son fils Isaac (Genèse 22 : 2). Cette épreuve n'était pas une tentation de pécher mais une épreuve de l'obéissance d'Abraham, démontrant finalement la provision et la fidélité de Dieu en empêchant le sacrifice d'Isaac (Genèse 22 : 12).

Dans les versets 17 et 18, Jacques explique davantage la nature et les desseins de Dieu. Il souligne que tout don bon et tout don parfait vient d'en haut, du Père des lumières, qui est immuable et cohérent dans sa bonté (Jacques 1 : 17). Cela contraste fortement avec l'avertissement contre la tentation du verset 15, qui met en évidence les graves conséquences de succomber à des désirs et à des actions pécheresses.

La réflexion théologique de Jacques vise à rassurer les croyants sur le caractère inébranlable de Dieu et ses intentions bienveillantes à leur égard. Il les encourage à faire confiance à la bonté et à la sagesse de Dieu, même dans les épreuves et les défis. Cette compréhension aide les croyants à résister à la tromperie selon laquelle Dieu pourrait les tenter au péché. Au lieu de cela, cela les incite à accepter l'assurance de la bonté et de la grâce de Dieu en toutes circonstances.

1:17 Tout don bon et parfait vient d'en haut, descendant du Père des lumières, chez qui il n'y a ni variation ni ombre due au changement.

Jacques souligne que tout acte de don et tout don parfait proviennent de Dieu (Jacques 1 : 17). Le texte grec utilise deux mots distincts pour souligner cela : « dosis », qui signifie l'acte de donner, accompagné de l'adjectif pour bien, et « dorema », qui fait référence aux dons effectivement reçus, précédés de l'adjectif pour parfait. Ces expressions soulignent que les dons de Dieu sont toujours bons et que ses dons sont toujours parfaits (Jacques 1 : 17).

Contrairement à la bonté et à la perfection des dons de Dieu, Jacques précise que les tentations du péché ne viennent pas de Dieu (Jacques 1 : 13). Tout comme Dieu a créé le soleil et la lune pour apporter lumière et variation, son caractère et ses actions sont marqués par une cohérence et une pureté inébranlables, dépourvues de toute variation ou ombre de rotation (1 Jean 1 : 5). Cette nature immuable garantit que tout ce que Dieu fait est en fin de compte pour sa gloire et le bénéfice de sa création.

L'expression « d'en haut », traduite du mot grec « anothen », fait écho à l'enseignement de Jésus à Nicodème sur la nécessité de naître de nouveau (Jean 3 : 7). Dans ce contexte, naître de nouveau symbolise la nouvelle naissance en tant que don de Dieu, illustrant sa grâce et son pouvoir transformateur dans la vie des croyants.

La représentation de Dieu par Jacques comme le Père des lumières, plus pur et plus clair que toutes les sources de lumière créées, renforce l'impossibilité pour lui de tenter qui que ce soit vers le mal (Jacques 1 : 17). Cette perspective sert à ancrer les croyants dans la certitude de la bonté de Dieu et de son engagement inébranlable à leur fournir des dons parfaits qui mènent à la croissance et à l'épanouissement spirituels.

1:18 Il nous a fait naître par la parole de vérité, de sa propre volonté, afin que nous soyons une sorte de prémices de ses créatures.

Jacques souligne que le plus grand don que Dieu accorde aux croyants est le don d'une nouvelle vie en Christ. Ce don provient de l'initiative délibérée de Dieu, décrite comme « l'exercice de sa volonté », qui met en évidence son choix souverain d'accorder la vie éternelle à travers sa révélation spéciale, souvent appelée « la parole de vérité » (Jacques 1 : 18).

L'affirmation de Jacques selon laquelle la vie éternelle est un don met en évidence sa croyance en la grâce de Dieu comme fondement du salut. Cette perspective s'aligne sur la théologie paulinienne, selon laquelle le salut provient de la volonté souveraine de Dieu (Romains 4 :21-22 ; 2 Corinthiens 4 :6). Dieu initie ce don de sa propre volonté, mettant l'accent sur son rôle d'auteur et de donneur de vie.

La métaphore des « prémices » au verset 18 fait probablement référence aux croyants qui persévèrent fidèlement à travers les épreuves. Dans l'ancien Israël, les prémices étaient une offrande spéciale à Dieu, symbolisant l'excellence et l'honneur. De même, ceux qui restent fermes dans leur fidélité au Christ apportent honneur et gloire à Dieu par leur endurance.

Le message de Jacques aux versets 17-18 est clair : l'intention de Dieu pour tous les hommes, en particulier les croyants, est toujours pour leur bénédiction et leur croissance. Plutôt que de considérer les tentations de s'écarter de la volonté de Dieu comme envoyées par le ciel, Jacques exhorte les croyants à les reconnaître comme des obstacles potentiels à la croissance spirituelle. En résistant à ces tentations, les croyants se renforcent dans cette vie et anticipent une glorieuse récompense dans le futur.

Le contraste entre le dessein de Satan dans la tentation – faire ressortir le pire de l'humanité – et le dessein de Dieu – faire ressortir le meilleur – est évident. Satan cherche à saper et à détruire, alors que Dieu permet les épreuves et les tentations pour affiner et fortifier son peuple (cf. Job 1-2).

Jacques donne une vision complète de la source, du processus et de la résolution de la tentation, soulignant le rôle de Dieu en tant que donateur de tout don bon et parfait, en particulier la vie éternelle à travers le Christ. Cette compréhension fondamentale ouvre la voie à la discussion ultérieure de Jacques sur la foi . Cela fonctionne au chapitre 2, soulignant le lien indissociable entre la foi authentique, l'endurance inébranlable et la puissance transformatrice de la grâce de Dieu.

Entendre et mettre en pratique la parole

Dans son exhortation sur la réponse aux épreuves, Jacques souligne le rôle central de la Parole de Dieu. Il met en avant la réceptivité, la réactivité et la résignation à la Parole de Dieu, indispensables à la croissance spirituelle et à la résilience face aux tentations (cf. Matthieu 4 : 1-11).

Jacques souligne l'importance de **la réceptivité à la Parole** comme première étape. Être ouvert et accepter la Parole de Dieu permet aux croyants de recevoir la direction et la sagesse divines au milieu des épreuves. Cette réceptivité implique d'entendre la Parole et d'intérioriser ses vérités et ses principes dans son cœur et son esprit.

La réceptivité à la Parole découle naturellement de la réceptivité. Cela implique d'appliquer activement les enseignements et les commandements trouvés dans les Écritures dans sa vie. Tout comme Jésus répondait à chaque tentation dans le désert avec des Écritures appropriées, Jacques encourageait ses lecteurs à utiliser la Parole de Dieu contre l'attrait du péché et les épreuves qui mettent leur foi à l'épreuve.

La résignation à la Parole complète le cycle en mettant l'accent sur un engagement ferme à vivre selon la Parole de Dieu. Cela implique de soumettre sa volonté à l'autorité de Dieu et d'aligner ses actions et ses décisions sur les vérités révélées dans les Écritures. Une telle résignation reconnaît que la Parole de Dieu fournit les conseils et les normes ultimes pour traverser les épreuves et les défis.

En fondant son exhortation sur la Parole de Dieu, Jacques met en évidence son pouvoir transformateur pour doter les croyants de discernement spirituel, de force et de persévérance. Tout comme Jésus s'est appuyé sur l'Écriture pour vaincre la tentation, Jacques encourage ses lecteurs à emboîter le pas, sachant que la Parole fournit la connaissance et la force nécessaires pour endurer et grandir à travers les épreuves.

1:19 Sachez ceci, mes frères bien-aimés : que chacun soit prompt à écouter, lent à parler, lent à se mettre en colère ;

James souligne la nécessité pour ses lecteurs d'aligner leurs actions sur leurs connaissances, notamment en réponse aux épreuves. Bien qu'on lui rappelle ces principes (versets 17-18), Jacques souligne que la simple connaissance ne suffit pas : elle doit être accompagnée d'actions correspondantes.

Il commence par mettre en garde contre les réactions négatives courantes face aux épreuves, telles que les plaintes et la colère. Au lieu de cela, il conseille à ses lecteurs de faire preuve de retenue : être « lent à parler » et « lent à se mettre en colère ». Ce conseil les encourage à rester calmes et à éviter les réactions impulsives qui peuvent aggraver leur situation ou conduire au péché.

Jacques recommande une écoute active et une soumission à la Parole de Dieu, préconisant que les croyants soient « prompts à entendre » les instructions de Dieu. Il ne s'agit pas simplement de lire les Écritures machinalement, mais d'écouter attentivement avec un cœur réceptif et la volonté d'appliquer ses enseignements dans leur vie.

La sagesse que Jacques transmet résonne avec les conseils pratiques trouvés dans divers proverbes (cf. Proverbes 10 :19 ; 13 :3 ; 14 :29 ; 15 :1 ; 17 :27-28 ; 29 :11, 20) et s'appuie sur des dictons culturels qui souligner l'importance d'écouter plutôt que de parler. Il évoque l'image d'avoir deux oreilles et une bouche, suggérant qu'une communication efficace avec Dieu et les autres implique d'écouter plus que de parler.

James met ses lecteurs au défi d'incarner la sagesse à travers leurs actions en réponse aux épreuves : retenir leur langue, contrôler leurs émotions et écouter activement la Parole de Dieu. Cette approche favorise la croissance et la maturité personnelles et favorise l'harmonie et une communication efficace dans leurs relations.

1:20 car la colère de l'homme ne produit pas la justice de Dieu.

Jacques souligne que répondre avec colère aux tentations ne correspond pas à la justice que Dieu désire cultiver dans le caractère et la conduite des croyants. Au lieu de permettre aux épreuves et aux tentations de les aigrir, James encourage ses lecteurs à considérer les défis de la vie comme des opportunités de croissance et d'amélioration personnelles.

Il critique une approche erronée qui cherche à atteindre la justice par des moyens politiquement motivés ou violents, un thème qu'il développe plus tard dans sa lettre (4 : 1-3). Cette condamnation reflète la préoccupation plus large de Jacques quant à la manière dont les croyants traversent les épreuves et les conflits, plaidant pour des réponses enracinées dans la sagesse de Dieu et caractérisées par la justice plutôt que par la colère ou les stratégies mondaines.

James exhorte ses lecteurs à considérer les épreuves comme des outils de raffinement spirituel, en favorisant un état d'esprit qui recherche la croissance dans la droiture plutôt que dans l'amertume en réponse aux difficultés de la vie. Cette perspective met en évidence la sagesse pratique et le souci pastoral de James pour le bien-être holistique de son auditoire.

1:21 C'est pourquoi éloignez toute souillure et toute méchanceté rampante et recevez avec douceur la parole implantée, qui peut sauver vos âmes.

Jacques utilise le terme « saleté » pour englober toutes les formes de comportement impur qui se situent en dehors de la volonté de Dieu, qui peuvent inclure des manifestations comme la colère et la colère. Il fait également référence aux « restes de la méchanceté », qui sont les habitudes et attitudes persistantes de la vie antérieure non rachetée (cf. Psaume 17 :4 ; Luc 6 :45). Pour les croyants, Jacques conseille d'accepter avec soumission la vérité révélée de Dieu (« recevez la parole avec humilité ») et de répondre de manière coopérative à ses commandements. Cette attitude réceptive permet à la Parole de Dieu de s'enraciner profondément, favorisant ainsi la croissance d'un caractère et d'une conduite justes chez le croyant.

L'expression « qui peut sauver vos âmes » a suscité des débats interprétatifs. Certains suggèrent que cela implique un besoin de salut permanent contre la damnation éternelle pour les lecteurs chrétiens de Jacques. Cependant, le contexte et l'usage de Jacques précisent que cette expression n'implique pas la perte du salut ou le besoin d'un nouveau salut en cas de péché. Le mot grec « psyché », souvent traduit par « âme », peut également être compris comme « vie », désignant la personne dans sa totalité. En ce sens, Jacques souligne que la Parole de Dieu est puissante pour préserver et enrichir la vie spirituelle des croyants, les aidant à grandir dans la foi et la justice.

Cette compréhension s'aligne sur les enseignements plus larges du Nouveau Testament où « sauvez vos âmes » ou « sauvez vos vies » fait référence à la préservation et à l'amélioration de la vie spirituelle plutôt qu'au salut initial du péché. Ainsi, Jacques encourage ses lecteurs à embrasser la Parole de Dieu avec humilité et obéissance, sachant qu'elle a le pouvoir transformateur de cultiver une vie fructueuse et juste en Christ.

Jacques souligne qu'en obéissant à la Parole de Dieu, le croyant peut préserver sa vie – c'est-à-dire sa personne tout entière – des conséquences destructrices du péché. Alors que le salut éternel est assuré par la foi en Christ, Jacques aborde les conséquences pratiques du péché dans la vie du croyant, qui peut conduire à diverses formes de mort, y compris des conséquences physiques telles que la maladie ou même une mort physique prématurée (cf. Jacques 1 : 15 ; 5:19-20 ; Proverbes 10:27 ; 11:19 ; 13:14 ; Romains 8:13 ; 1 Corinthiens 11:30 ;

L'idée de la mort comme conséquence du péché résonne profondément dans la littérature de sagesse de l'Ancien Testament, en particulier dans les Proverbes, où la relation entre une vie juste et la folie menant à la mort est un thème récurrent. Jacques s'appuie sur ce contexte pour mettre en évidence les résultats pratiques de l'obéissance ou de la désobéissance aux commandements de Dieu. Pour Jacques, l'obéissance à la Parole de Dieu mène à la « couronne de vie » (Jacques 1 : 12), symbolisant la vitalité et la récompense spirituelles. En revanche, la désobéissance peut entraîner diverses conséquences néfastes, notamment des conséquences physiques et spirituelles.

Comprendre ce contexte clarifie l'accent mis par Jacques sur les implications pratiques de la foi et de l'obéissance dans la vie chrétienne. Il souligne l'importance d'aligner sa conduite sur la volonté de Dieu en matière de croissance et de bénédiction spirituelles et d'éviter les conséquences néfastes de la désobéissance. Ainsi, Jacques encourage ses lecteurs à adopter la sagesse et la justice, sachant que cela mène à une vie qui honore Dieu et évite les pièges du péché et ses répercussions.

1:22 **Mais mettez en pratique la parole, et ne vous contentez pas de l'écouter, en vous trompant vous-mêmes.**

Jacques 1 : 19-21 se concentre sur l'écoute et la réception de la Parole de Dieu. Cependant, aux versets 22 à 25, Jacques souligne l'étape cruciale de l'application ou de la mise en pratique de la Parole.

Jacques déclare que le simple fait d'entendre la Parole de Dieu ne suffit pas ; la véritable obéissance implique de vivre activement les commandements de Dieu, en particulier lorsqu'on est confronté à des tentations qui remettent en question son engagement envers la volonté de Dieu. Il met en garde contre l'auto-illusion des disciples chrétiens qui pourraient croire que la simple connaissance de la volonté de Dieu suffit sans une action correspondante. Au lieu de cela, Jacques souligne qu'entendre et comprendre la Parole de Dieu devrait naturellement conduire à une vie obéissante.

Selon Jacques, l'application pratique de la Parole de Dieu est essentielle à une foi authentique et à une croissance spirituelle. Il illustre cela avec l'analogie d'une personne qui regarde son reflet dans un miroir et oublie immédiatement à quoi elle ressemble une fois qu'elle se détourne. De même, ceux qui entendent la Parole mais ne l'appliquent pas à leur vie sont comme des individus qui voient leur reflet mais ne parviennent pas à résoudre les problèmes révélés.

Jacques souligne que la bénédiction et le bénéfice ne proviennent pas simplement du simple fait d'entendre ou d'étudier la Parole, mais de la pratique active de ce qu'elle dit. Cet accent mis sur l'obéissance pratique reflète le message central de son épître, encourageant les croyants à intégrer leur foi dans leurs actions dans la vie quotidienne. Pour le premier auditoire de Jacques, habitué à entendre les Écritures lues à haute voix dans les synagogues, son exhortation aurait profondément résonné comme un appel à vivre leur foi de manière authentique et cohérente.

1:23 Car si quelqu'un écoute la parole et ne la met pas en pratique, il est comme un homme qui regarde attentivement son visage naturel dans un miroir. 1:24 Car il se regarde, disparaît et oublie comment il était.

L'illustration de Jacques aux versets 23-24, comparant la personne qui entend la Parole mais ne la fait pas à quelqu'un qui regarde son reflet dans un miroir et oublie ensuite son apparence, est en effet simple et largement comprise. Le verbe grec « katanoeo » implique une observation délibérée et attentive plutôt qu'un regard rapide ou superficiel.

Cette métaphore souligne l'importance d'une réponse réfléchie et réfléchie à la Parole de Dieu. Tout comme une personne qui se regarde dans un miroir examine attentivement son reflet pour discerner les imperfections ou les ajustements nécessaires, les croyants devraient également aborder la Parole de Dieu avec soin et être prêts à appliquer ses enseignements. Le miroir représente la Parole de Dieu, qui révèle des vérités sur soi-même et sur la volonté de Dieu.

L'utilisation par James du « katanoeo » souligne la nécessité pour les croyants de s'engager profondément dans les Écritures, et de ne pas simplement en effleurer la surface. Il met en lumière l'appel à étudier attentivement et à intérioriser la Parole de Dieu, permettant à ses vérités de façonner leurs pensées, leurs attitudes et leurs actions. Cette approche contraste avec l'audition passive ou la lecture sans réponse active ni obéissance.

En résumé, Jacques utilise l'illustration du miroir pour souligner l'importance d'un engagement intentionnel et approfondi avec la Parole de Dieu, encourageant les croyants à appliquer diligemment ses enseignements.

1:25 Mais celui qui regarde la loi parfaite, la loi de la liberté, et qui persévère, n'étant pas un auditeur qui oublie mais un exécutant qui agit, sera béni dans ce qu'il fait.

Jacques fait référence à « la loi » comme à la révélation de la volonté de Dieu pour les chrétiens trouvée dans l'Écriture, souvent décrite comme parfaite parce qu'elle reflète la volonté parfaite de Dieu lui-même (cf. Matthieu 5 : 17). Contrairement à un miroir métallique défectueux, cette loi fournit un reflet clair et non déformé de la condition spirituelle d'une personne.

Le terme « loi de liberté » signifie qu'en obéissant à la Parole de Dieu, les croyants trouvent une véritable libération du péché et de ses conséquences destructrices, expérimentant ainsi la vraie vie telle que Dieu l'a voulue (Jacques 1 : 25). Ce concept s'aligne sur l'enseignement de Jésus sur la liberté dans la vérité (Jean 8 : 31-32), soulignant que l'adhésion à la Parole de Dieu n'est pas restrictive mais permet plutôt aux croyants de vivre selon leur véritable identité en Christ.

Jacques est d'accord avec Paul concernant la liberté dont disposent les chrétiens sous la « loi du Christ », qui contraste avec les contraintes légalistes de la loi mosaïque (Galates 5 :1 ; 6 :2 ; 1 Corinthiens 9 :21). L'épître de Jacques est profondément influencée par cette loi parfaite du Christ, en particulier par les principes énoncés dans le Sermon sur la montagne (Matthieu 5-7), qui servent de guide fondamental pour la vie chrétienne.

En résumé, Jacques souligne le pouvoir transformateur de la Parole de Dieu – la loi parfaite du Christ – comme étant essentiel pour que les croyants puissent expérimenter les bénédictions de Dieu dans la vie présente et dans l'avenir promis par Dieu (Matthieu 5 : 3-11). Cet enseignement met en évidence l'importance d'entendre et de recevoir la Parole de Dieu et d'y obéir activement, ce qui est au cœur de l'exhortation de Jacques tout au long de son épître.

1:26 Si quelqu'un pense qu'il est religieux et ne retient pas sa langue mais trompe son cœur, sa religion ne vaut rien.

Jacques introduit le terme « religieux » (Gr. threskos) dans Jacques 1 : 26, un mot qu'on ne trouve qu'une seule fois dans le Nouveau Testament. Cela désigne quelqu'un qui exprime extérieurement sa crainte ou son adoration de Dieu à travers des observances religieuses telles que l'aumône , la prière, le jeûne et la participation régulière aux services de culte et aux fêtes. Ces pratiques étaient couramment observées parmi les Juifs, qui constituaient le principal public de l'épître de Jacques.

Cependant, James défie ses lecteurs en affirmant que la véritable spiritualité ne se résume pas à des actes religieux extérieurs. Au lieu de cela, il souligne l'importance du contrôle de la langue comme mesure plus précise de sa maturité spirituelle (Jacques 3 : 1-12). Ce changement d'orientation suggère que même si les pratiques religieuses ont leur place, elles doivent s'accompagner d'une véritable transformation du cœur et d'une conduite éthique.

La critique de Jacques s'aligne sur les enseignements de Jésus dans Matthieu 6 : 1-18, où Jésus met en garde contre la pratique de la justice simplement pour la reconnaissance publique. Au lieu de cela, Jésus encourage la sincérité et l'authenticité dans la dévotion à Dieu, en mettant l'accent sur la disposition intérieure du cœur plutôt que sur les manifestations extérieures de piété.

L'utilisation du mot « religieux » par James met en évidence la tension entre les actes religieux extérieurs et la transformation intérieure qui devrait accompagner la foi authentique. Il exhorte ses lecteurs à donner la priorité à une vie intègre et à la maîtrise de soi, en particulier dans la manière dont ils utilisent leurs mots, ce qu'il expose plus tard dans son discours sur le pouvoir et la responsabilité de la parole (Jacques 3 : 1-12).

1:27 La religion pure et sans tache devant Dieu le Père est celle-ci : visiter les orphelins et les veuves dans leur affliction et se préserver des souillures du monde.

Jacques souligne dans Jacques 1 : 27 que la vraie religion implique plus que des actes extérieurs de piété ou d'observance religieuse. Il met en évidence deux aspects clés qui reflètent une véritable spiritualité : prendre soin des personnes vulnérables telles que les orphelins et les veuves et maintenir la pureté morale.

Le soin des « orphelins et des veuves » constitue un précédent biblique important, reflétant le cœur de Dieu pour les membres marginalisés et vulnérables de la société (Exode 22 :22-24 ; Deutéronome 10 :18 ; Ésaïe 1 :17 ; Jérémie 5 :28 ; Ézéchiel 22 : 7 ; Zacharie 7 :10). Cela signifie non seulement des actions bienveillantes, mais aussi un engagement plus profond en faveur de la justice sociale et de la compassion, alignant sa conduite sur le caractère compatissant de Dieu.

De même, la pureté morale « pure et sans souillure » fait référence au fait de vivre sans contamination morale, tant dans l'action que dans la pensée. Cette pureté n'est pas simplement extérieure mais découle de l'intégrité intérieure et d'une dévotion sincère aux normes de Dieu (Actes 15 :20 ; 1 Timothée 5 :22). L'accent mis par Jacques sur la pureté souligne l'importance de maintenir un caractère juste qui reflète la sainteté de Dieu.

En interprétant Jacques 1 : 27, il devient évident que la véritable religion transcende les actes ou rituels religieux superficiels. Cela implique un engagement holistique à pratiquer quotidiennement la vérité de Dieu, à faire preuve d'amour envers les autres par la compassion et à maintenir son intégrité personnelle devant Dieu et la société. Cette approche globale de la foi s'aligne sur les enseignements de Jésus, qui mettent l'accent sur l'intégration de la justice intérieure avec les expressions extérieures de l'amour et de la justice.

Ainsi, Jacques appelle les croyants à vivre leur foi de manière authentique, non seulement en la professant avec des paroles, mais en la démontrant par des actes de compassion et de droiture morale. Cette application pratique de la foi est une expression tangible de la relation avec Dieu. Cela reflète une véritable adhésion aux principes du royaume de Dieu.

Dans le chapitre 1 de Jacques, les questions pratiques des épreuves et des tentations servent de toile de fond à des leçons spirituelles plus profondes qui s'appliquent largement à la vie chrétienne. Jacques utilise ces défis pour mettre en évidence les vérités fondamentales qui sont à la base d'un engagement constant envers Dieu et de l'obéissance à sa Parole.

Jacques souligne l'importance de répondre de manière appropriée aux tentations qui nous éloignent de la volonté de Dieu. Au lieu d'y succomber, Jacques encourage les croyants à rejeter fermement ces tentations. Cette réponse ne consiste pas seulement à éviter mais aussi à se réjouir des épreuves. Cette perspective découle de la croyance que Dieu utilise les épreuves et les tentations pour mûrir et renforcer notre foi pour sa gloire.

En adoptant cette approche, les croyants démontrent un véritable engagement religieux qui transcende les actes extérieurs de piété. Cela implique une transformation intérieure qui reflète une confiance profonde dans la souveraineté et la bonté de Dieu. Plutôt que de considérer les épreuves comme des obstacles, Jacques enseigne qu'elles peuvent être des opportunités de croissance et de raffinement spirituels.

Par conséquent, Jacques encourage les chrétiens à maintenir une foi inébranlable face aux épreuves, sachant que Dieu travaille à travers ces défis pour approfondir notre caractère et notre foi. Cette attitude renforce notre relation avec Dieu et témoigne de sa puissance transformatrice, illustrant un véritable engagement et une obéissance à sa volonté.

Chapitre 1 Résumé

Introduction et salutation (Jacques 1 : 1) : Jacques, identifié comme l'auteur et probablement le frère de Jésus, adresse cette lettre aux chrétiens juifs dispersés à l'étranger, mettant l'accent sur la persévérance dans les épreuves.

La joie dans les épreuves (Jacques 1 : 2-4) : Jacques commence par encourager les croyants à compter la joie lorsqu'ils font face à diverses épreuves. Il explique que les épreuves mettent notre foi à l'épreuve, produisant de la fermeté, qui mène à la maturité spirituelle. Il encourage les croyants à laisser la fermeté produire son plein effet afin qu'ils soient parfaits et complets, ne manquant de rien.

La sagesse dans les épreuves (Jacques 1 : 5-8) : Jacques demande aux croyants de demander à Dieu la sagesse face aux épreuves, leur assurant que Dieu donne généreusement et sans reproche. Cependant, il met en garde contre le doute, soulignant qu'une personne irrésolue est instable dans toutes ses voies et ne doit pas s'attendre à recevoir quoi que ce soit du Seigneur.

Riches et pauvres (Jacques 1 : 9-11) : Jacques s'adresse aux riches et aux pauvres, les exhortant tous deux à trouver leur identité dans leur position spirituelle devant Dieu plutôt que dans leur richesse ou leur pauvreté. Il avertit les riches du caractère éphémère de leur richesse et les pauvres de leur dignité en Christ.

Endurance dans la tentation (Jacques 1 : 12-18) : Jacques souligne la bénédiction de celui qui endure les épreuves, promettant la couronne de vie à ceux qui aiment Dieu. Il précise que Dieu ne tente personne par le mal, mais est le donateur de tout don bon et parfait. Il explique comment la tentation naît de nos propres désirs qui, une fois conçus, donnent naissance au péché et conduisent finalement à la mort.

Écouter et agir (Jacques 1 : 19-27) : Jacques souligne l'importance d'entendre et de mettre en pratique la Parole de Dieu. Il conseille aux croyants d'être prompts à écouter, lents à parler et lents à se mettre en colère. Il oppose la simple audition à l'obéissance active, comparant celui qui entend mais ne fait rien à quelqu'un qui se regarde dans un miroir et oublie son reflet. Il encourage une religion authentique exprimée en prenant soin des personnes vulnérables (orphelins et veuves) et en maintenant la pureté personnelle sans être souillée par le monde.

Résumé et conclusion : Dans le chapitre 1, Jacques fournit une sagesse pratique pour traverser les épreuves, rechercher la sagesse de Dieu, comprendre la nature de la tentation et vivre une foi authentique par une action obéissante. Il souligne le pouvoir transformateur des épreuves et l'importance de la fermeté, de la sagesse et de l'obéissance active dans la vie chrétienne. James ouvre la voie à d'autres discussions sur la foi, les œuvres et les implications pratiques de vivre sa foi dans la communauté et la société.

Chapitre 1 Prière

Dieu,

Nous venons devant toi avec un cœur ouvert et humble, recherchant ta sagesse et ta grâce dans les épreuves et les tentations. Comme Jacques nous l'a enseigné, ta Parole nous rappelle de considérer toute la joie lorsque nous sommes confrontés à diverses épreuves, sachant que notre foi est mise à l'épreuve et renforcée à travers elles . Seigneur, aide-nous à adopter cette perspective, en comprenant que dans les épreuves, tu nous affine, nous façonnant à l'image de ton Fils, Jésus-Christ.

Accorde-nous, Seigneur, la sagesse de Te demander lorsque nous manquons de compréhension, en croyant que Tu donnes généreusement à tous, sans reproche. Renforce notre foi, Père, afin que nous puissions rester fermes et inébranlables, confiants en Ton plan souverain pour nos vies, même au milieu des difficultés.

Garde nos cœurs, Seigneur, contre l'attrait de la tentation. Aide-nous à reconnaître la source de la tentation et à y résister avec la puissance de ton Esprit. Puissions-nous être prompts à écouter Ta Parole, lents à parler à la hâte et lents à la colère, reflétant Ta patience et ta grâce dans toutes nos interactions.

Père, apprends-nous à être non seulement des auditeurs de Ta Parole, mais aussi des acteurs, démontrant Ton amour et ta vérité dans nos actions envers les autres. Que nos vies soient marquées par une véritable sollicitude envers les personnes vulnérables, les orphelins et les veuves, et par un engagement en faveur de la pureté personnelle, sans être souillé par les valeurs de ce monde.

Merci, Seigneur, pour ta loi parfaite de liberté qui nous guide vers la justice. Renforce notre détermination à vivre fidèlement selon ta Parole, sachant qu'en agissant ainsi, nous trouvons la vraie liberté et t'honorons dans tout ce que nous faisons.

Au nom de Jésus, nous prions, Amen.

Questions du chapitre 1

Quelle est la principale raison pour laquelle Jacques dit que les croyants devraient considérer comme une grande joie le fait de faire face à diverses épreuves ?

Quel est le résultat ultime si on laisse la persévérance finir son œuvre ?

Que doit faire un croyant s'il manque de sagesse ?

Comment un croyant devrait-il demander la sagesse ?

Qu'arrive-t-il à une personne qui doute lorsqu'elle demande la sagesse ?

Comment décrit-on une personne qui doute ?

Comment les croyants issus de circonstances modestes devraient-ils considérer leur situation ?

Comment les riches devraient-ils considérer leur situation ?

Quelle analogie Jacques utilise-t-il pour décrire la nature temporaire de la richesse ?

Qu'est-ce qui est promis à ceux qui persévèrent malgré l'épreuve ?

Que ne devrait-on pas dire lorsqu'on est tenté ?

Comment se produit la tentation, selon Jacques ?

Quelle est la progression du péché décrite dans Jacques 1 : 15 ?

Sur quoi les croyants ne devraient-ils pas être trompés ?

Comment Dieu a-t-il choisi de nous donner naissance ?

Comment les croyants devraient-ils réagir lorsqu'ils entendent la Parole de Dieu ?

Pourquoi les croyants devraient-ils se débarrasser de toute saleté morale et de tout mal ?

Que dit Jacques à propos du simple fait d'écouter la Parole ?

Comment Jacques décrit-il quelqu'un qui écoute la Parole mais ne fait pas ce qu'elle dit ?

Qu'est-ce qui est promis à ceux qui regardent attentivement la loi parfaite qui donne la liberté et qui y perdure ?

Jacques chapitre 2 : 1-26

Le péché de partialité

L'épître de Jacques établit un parallèle significatif entre les enseignements de Jésus dans le Sermon sur la montagne et le Sermon sur la plaine et le commentaire pratique de Jacques pour l'Église. Ce parallèle concerne le sujet et les éléments structurels, offrant une riche tapisserie d'applications pour la vie quotidienne.

Matthieu 7 et Jacques 2 partagent des similitudes frappantes. Par exemple, Matthieu 7 : 1-27 met l'accent sur l'interdiction du jugement, illustrée par des avertissements contre le jugement hypocrite et l'importance d'éliminer ses défauts avant d'aider les autres avec les leurs. De même, Jacques 2 : 1-26 aborde la question du favoritisme critique au sein de l'Église, exhortant les croyants à ne pas faire preuve de partialité fondée sur le statut social.

Les deux passages soulignent également l'importance de traiter les autres comme on aimerait être traité, résumé dans Matthieu 7 : 12 et repris dans Jacques 2 : 8-11, où Jacques résume la loi comme étant d'aimer les autres comme soi-même.

Le chapitre 2 de Jacques se concentre particulièrement sur la pratique néfaste de la partialité et sa contradiction avec la foi authentique. En faisant preuve de favoritisme, les chrétiens ne parviennent pas à démontrer un amour constant pour tous, un thème auquel Jacques est confronté tout au long de son épître. Tout comme il aborde les incohérences dans le visionnage des procès (chapitre 1) et le contrôle de la parole (chapitre 3), James souligne l'incohérence de montrer un traitement inégal aux autres dans le chapitre 2.

La cohérence, souligne James, est cruciale non seulement dans la compréhension théologique mais aussi dans la vie chrétienne pratique. Tout comme en cuisine, où la précision garantit la réussite d'un plat, dans la vie chrétienne, l'amour et le traitement constants envers les autres reflètent l'authenticité de la foi et l'adhésion aux commandements de Dieu.

La critique de Jacques de la religiosité hypocrite dans Jacques 1 : 26-27 sert de catalyseur pour aborder un problème omniprésent parmi les juifs chrétiens de son époque . Cela reste d'actualité aujourd'hui : l'amour incohérent pour les autres, mis en évidence dans la manière dont les individus sont traités en fonction de leur statut social. Cette incohérence fondamentale a incité James à écrire le chapitre 2, exhortant son auditoire à faire face à cet échec moral et à progresser vers la maturité spirituelle.

Le lien entre la condamnation de la discrimination sociale par James au chapitre 2 et ses enseignements antérieurs au chapitre 1 est évident. Favoriser les riches tout en faisant preuve d'apathie ou de dédain envers les pauvres sont considérés par James comme les deux faces d'une même médaille moralement en faillite. Ces comportements contredisent directement les normes de la vraie religion décrites dans Jacques 1 :27 et le commandement d'aimer son prochain comme soi-même dans Jacques 2 :8.

Le croyant, insiste James, doit faire preuve de courtoisie, de compassion et de cohérence universelles dans ses interactions avec les autres. Cela implique de traiter chacun avec équité, amour et fidélité – des vertus essentielles qui reflètent une foi authentique et une obéissance aux commandements de Dieu.

Le but de Jacques dans le chapitre 2 est de mettre les chrétiens au défi de confronter et de rectifier leur traitement incohérent envers les autres, progressant ainsi vers une maturité spirituelle plus profonde enracinée dans un amour authentique et une vie juste.

2:1 Mes frères, ne montrez aucune partialité lorsque vous avez la foi en notre Seigneur Jésus-Christ, le Seigneur de gloire.

Jacques aborde la question du favoritisme personnel directement et sans équivoque dans son épître. Il souligne que faire preuve de partialité, notamment sur la base de distinctions terrestres telles que le statut social, contredit le culte de « notre glorieux Seigneur Jésus-Christ » (Matthieu 22 :16 ; Actes 10 :34). En présence du Christ, toutes les distinctions terrestres s'effacent (Hébreux 1 : 2-3), soulignant l'incohérence des chrétiens pratiquant le favoritisme.

L'utilisation par James du terme « glorieux » pour s'adresser à ses lecteurs en les appelant « mes frères et sœurs » est significative. Cela met en évidence son appel à incarner une gentillesse fraternelle qui correspond au caractère de leur glorieux Seigneur Jésus-Christ. La référence au « glorieux » s'inspire probablement du concept juif de la Shekinah, la présence divine de Dieu parmi son peuple, qui symbolise la vraie gloire qui devrait guider la conduite chrétienne.

Pour Jacques, une foi authentique en Christ devrait éliminer toute admiration pour la gloire superficielle du statut social. Il distingue la « partialité » ou le « favoritisme » (grec : prosopolepsie) de la véritable justice, qui respecte les personnes en fonction de leur valeur intrinsèque plutôt que des circonstances extérieures. Ce concept se retrouve dans Romains 2 :11, Éphésiens 6 :9, Colossiens 3 :25 et Actes 10 :34, mettant l'accent sur l'appel chrétien à l'impartialité et à l'équité dans toutes les relations.

Jacques met les croyants au défi de rejeter l'attrait du statut social et de démontrer plutôt un amour semblable à celui du Christ qui transcende les distinctions terrestres, reflétant la véritable gloire de leur Seigneur Jésus-Christ.

Le favoritisme (partialité) témoigne d'une préférence injuste pour une personne ou un groupe plutôt qu'un autre, souvent au détriment de ce dernier. Cela peut être enraciné dans divers facteurs tels que les préférences personnelles, les relations ou des critères injustes.

Les préjugés consistent à former un jugement ou une opinion sur quelqu'un ou quelque chose sans connaissances suffisantes, souvent fondés sur des stéréotypes ou des notions préconçues plutôt que sur des preuves factuelles. Cela peut conduire à un traitement injuste ou à une hostilité envers des individus ou des groupes perçus comme différents.

Les préjugés sont une tendance ou une inclinaison vers ou contre quelque chose, quelqu'un ou un groupe, souvent d'une manière considérée comme injuste ou injuste. Les préjugés peuvent influencer les décisions, les actions ou les jugements, ayant un impact sur le traitement des individus en fonction de leurs préférences ou préjugés personnels.

La prédilection indique une préférence ou un goût pour quelque chose, suggérant une prédisposition envers un choix ou un groupe particulier. Cela implique un préjugé ou une inclination positive envers certaines personnes ou certaines choses, souvent sans connotations négatives associées à des préjugés ou à un traitement injuste.

Chacun de ces termes a des implications sur la manière dont les individus interagissent avec les autres et prennent des décisions, soulignant l'importance de l'équité, de la compréhension et de l'empathie dans des contextes personnels et sociaux.

2:2 Car si un homme portant un anneau d'or et de beaux vêtements entre dans votre assemblée, et qu'entre aussi un pauvre homme vêtu de mauvais vêtements, 2:3 et si vous faites attention à celui qui porte de beaux vêtements et dites: « Asseyez-vous ici à une bonne place », tandis que vous dites au pauvre : « Tenez-vous là-bas » ou « Asseyez-vous à mes pieds ».

Dans Jacques 2 :2-3, le scénario décrit a été surnommé « le cas de l'huissier myope » par certains commentateurs. La question de savoir si James a présenté une situation hypothétique ou a raconté un incident réel reste un débat parmi les chercheurs. Cependant, sa réalité n'a que peu d'importance pour le message du passage.

James illustre une scène où des individus assistent à un rassemblement, éventuellement à un culte ou à une réunion de la congrégation, où la partialité est évidente. Le terme « assemblée » ici, traduit du grec « synagogue », fait probablement référence aux premiers rassemblements chrétiens dans les synagogues juives avant que les croyants ne soient expulsés par leurs homologues juifs incroyants. Ce contexte suggère que Jacques a écrit cette épître au début de l'histoire de l'Église.

Certains commentateurs se demandent si ce passage concerne un service de culte public ou une réunion de la congrégation axée sur une question judiciaire. Le terme « synagogue » désignait initialement un lieu de culte public dans la littérature chrétienne primitive. Pourtant, les versets suivants font allusion à un cadre judiciaire. Cependant, ce débat scientifique ne modifie pas sensiblement le sens du passage.

Les premières communautés chrétiennes étaient souvent composées majoritairement de membres humbles et pauvres. Par conséquent, la conversion d'un individu riche présentait la tentation de l'élever au rang de converti prestigieux, ce qui risquait de lui accorder une faveur indue. James met en garde contre un tel favoritisme, en mettant en garde contre le fait de traiter les riches différemment en raison de leur statut socio-économique.

À l'époque de Jacques, un « anneau d'or » symbolisait l'appartenance aux échelons supérieurs de la société romaine. Cependant, l'utilisation de James n'est peut-être pas aussi spécifique. Le responsable chargé de la disposition des sièges dans la synagogue, connu sous le nom de chazzan, a dirigé les participants vers leurs sièges. Pendant ce temps, la tenue vestimentaire jouait un rôle crucial dans la distinction du statut social, les « vêtements clairs » signifiant richesse et prestige, contrastant avec les « vêtements sales » dénotant la pauvreté.

Ces détails enrichissent notre compréhension de la critique du favoritisme formulée par James au sein de la première communauté chrétienne, en soulignant l'importance de l'impartialité et d'une véritable attention envers tous les croyants, quelle que soit leur position sociale ou économique.

2:4 n'avez-vous pas donc fait des distinctions entre vous, et n'êtes-vous pas devenus des juges avec de mauvaises pensées ?

La question rhétorique de James : « N'avez-vous pas... ? dans le texte grec original, il anticipe une réponse positive, mettant l'accent sur l'attente d'un traitement équitable et d'impartialité. Dans le scénario décrit, les actions de l'huissier illustrent deux erreurs significatives. Premièrement, en faisant preuve de favoritisme ou en faisant des distinctions basées sur les bénéfices potentiels que l'homme riche pourrait apporter à l'Église, l'huissier n'a pas réussi à étendre la même grâce à tous, contrairement à la nature impartiale de Dieu. Cette double approche reflète l'hypocrisie, où la pensée du monde influence les décisions qui devraient s'aligner sur les principes de Dieu (Jacques 1 : 8).

Deuxièmement, le jugement de l'huissier en plaçant les visiteurs révèle des « mauvais mobiles » sous-jacents. Au lieu de donner la priorité à l'hospitalité et aux soins authentiques, l'huissier les a évalués en fonction de ce que l'Église pouvait en tirer. Cette perspective contraste fortement avec le mandat biblique selon lequel les chrétiens et les églises doivent servir les autres de manière désintéressée plutôt que de rechercher un gain personnel ou institutionnel (Marc 10 : 45).

La déclaration se termine par une réflexion puissante sur les préjugés, notant que non seulement ils nuisent à ceux qui les subissent, mais qu'ils donnent également une mauvaise image du caractère de celui qui les pratique. Cela correspond aux enseignements bibliques qui mettent l'accent sur le traitement des autres avec amour et respect, quel que soit leur statut social ou les avantages potentiels qu'ils peuvent apporter (Jacques 2 :1-9).

2:5 Écoutez, mes frères bien-aimés, Dieu n'a-t-il pas choisi les pauvres du monde pour qu'ils soient riches en la foi et héritiers du royaume qu'il a promis à ceux qui l'aiment ?

James pose trois questions rhétoriques dans ces versets, chacune conçue pour susciter une affirmation positive, reflétant la structure du texte grec. Dans Jacques 2 : 5, il souligne le choix délibéré de Dieu de « les pauvres de ce monde pour être riches en foi » et hériter de son royaume. Ce choix met les chrétiens au défi d'aligner leurs actions sur les valeurs de Dieu, en particulier en ce qui concerne la manière dont ils traitent les économiquement défavorisés (Matthieu 5 :3 ; Luc 6 :20).

Le récit biblique souligne systématiquement la préférence de Dieu pour les pauvres et les humbles plutôt que pour les riches et les puissants (Luc 1 :52 ; 1 Corinthiens 1 :26). Cette préférence s'enracine dans le constat que les pauvres s'appuient souvent sur Dieu, lui faisant plus profondément confiance pour répondre à leurs besoins. Le « royaume » mentionné ici désigne probablement le règne messianique du Christ, actuellement établi dans les cieux, où les croyants participent à son règne (Jacques 1 :12 ; Matthieu 5 :3, 5 ; Marc 10 :17-22 ; 1 Corinthiens 6 :9). -10 ; Galates 5 :21 ; Éphésiens 5 :5).

Il existe différentes interprétations quant à savoir qui constitue précisément les « héritiers du royaume ». Alors que certains l'entendent au sens large comme tous les croyants qui s'alignent sur le Christ, d'autres suggèrent qu'il fait spécifiquement référence aux disciples fidèles qui vivent activement leur foi. Quoi qu'il en soit, Jacques souligne que le choix de Dieu des pauvres et de leur foi riche met en valeur les valeurs du Royaume, encourageant les chrétiens à imiter cette perspective dans leurs attitudes et leurs actions envers les autres.

2:6 Mais tu as déshonoré le pauvre. Les riches ne sont-ils pas ceux qui vous oppriment et ceux qui vous traînent devant les tribunaux ?

Lorsqu'un chrétien déshonore les pauvres, il contredit directement le traitement que Dieu leur réserve, comme le soulignent des passages comme 1 Corinthiens 11 :22 et 1 Pierre 2 :17. Au lieu de faire preuve de favoritisme envers ses frères croyants, James rappelle à ses lecteurs qu'historiquement, les riches les opprimaient souvent. Cette oppression peut se manifester sous diverses formes, notamment des mauvais traitements physiques ou des persécutions légales, comme en témoignent des passages tels que Marc 13 :9, Actes 4 :1-3, Actes 13 :50, Actes 16 :19 et Actes 19 :23-41. .

Jacques souligne l'incohérence d'estimer ses ennemis tout en méprisant ceux de la même communauté chrétienne. Le terme « opprimer » implique un mauvais traitement grave qui pourrait même conduire à traîner quelqu'un injustement devant un tribunal, soit par la force physique, soit par des manœuvres juridiques.

Cette perspective met les chrétiens au défi de refléter la nature impartiale et compatissante de Dieu dans leurs interactions, en particulier envers ceux qui sont économiquement ou socialement défavorisés. Il souligne l'importance d'aligner ses actions sur les valeurs divines de justice, de miséricorde et d'amour plutôt que de perpétuer les préjugés et les injustices du monde.

2:7 Ne sont-ils pas ceux-là qui blasphèment le nom honorable auquel on vous a donné ?

Les riches ont non seulement tendance à s'opposer aux chrétiens, mais aussi à blasphémer ou à parler avec mépris du Christ lui-même, comme c'était le cas à l'époque de Jacques et cela continue d'être une réalité aujourd'hui. Jacques souligne l'incohérence de donner un honneur particulier à ceux qui font preuve de mépris pour le Seigneur, que les croyants aiment et servent profondément. Blasphème, selon le terme grec « blasphemeo », implique de se moquer de Dieu ou de parler de manière irrespectueuse. Cela pourrait avoir été particulièrement répandu parmi les Juifs incroyants à l'époque de Jacques (cf. Actes 13 :45).

Lorsque Jacques fait référence à « la bonne réputation par laquelle vous avez été appelés », il entend probablement le nom sous lequel les croyants trouvent leur identité et leur protection plutôt que simplement leur nom personnel. Cela souligne l'importance spirituelle de s'aligner sur les valeurs du Christ plutôt que sur les normes du monde.

Concernant la critique apparente de Jacques à l'égard des riches dans les versets 6 et 7, il est important de noter qu'il n'a pas de préjugés contre les riches en tant qu'individus, mais qu'il met en évidence le comportement de certains individus riches pour souligner la folie de leur accorder un traitement préférentiel. Cela correspond aux enseignements de Jésus selon lesquels il faut aimer même nos ennemis (Matthieu 5 :44 ; Luc 6 :27, 35), soulignant que l'impartialité et l'amour devraient guider la manière dont les chrétiens interagissent avec les autres, quel que soit leur statut social ou économique.

2:8 Si vous accomplissez la loi royale selon l'Écriture : « Tu aimeras ton prochain comme toi-même », tu fais bien.

L'intention de Jacques n'est pas de décourager l'honneur envers les riches mais de prôner un amour et un respect universels envers tous les individus, conformément au principe de traiter les autres comme nous voudrions être traités nous-mêmes (Matthieu 7 :12 ; Lévitique 19 :18).). Le terme « loi royale », du grec « basilikos », désigne une loi associée à la royauté ou à la royauté. Dans ce contexte, il fait référence à la loi du Roi qui règne sur le royaume dont héritent les croyants (Jacques 2 : 5). Cette loi régit toutes les relations humaines, surpassant les autres lois concernant la conduite interpersonnelle (Matthieu 22 :39 ; Lévitique 19 :18).

L'épithète « royale » signifie également l'excellence et la noblesse de cette loi, indiquant qu'elle reflète une conduite du plus haut ordre moral, convenant aux sujets d'un roi. Ce concept fait écho à la compréhension de la « lex regia » de l'Empire romain, connue pour son autorité et son universalité dans tout le royaume.

Jacques souligne que la « loi royale » du Christ remplace les lois ou normes terrestres, y compris celles imposées par des dirigeants comme César. Par conséquent, les chrétiens sont appelés à respecter cette loi d'amour et d'égalité, en traitant chacun avec dignité et respect, quel que soit son statut social ou ses distinctions mondaines.

2:9 Mais si vous faites preuve de partialité, vous commettez un péché et vous êtes légalement reconnus coupables de transgresseurs.

Dans ce verset, Jacques emploie la forme verbale du mot grec « prosopolepteo », qu'il a également utilisé dans le verset 1 de ce passage (2 : 1-13). Le problème que James aborde ici est la pratique de la partialité, qui contredit directement la « loi royale » dont il a parlé plus tôt. Cette loi royale exige de traiter tous les individus avec le même respect et la même dignité, sans favoriser les uns par rapport aux autres (Actes 10 : 34). Un tel traitement préférentiel viole non seulement les principes d'égalité et de justice inhérents à la Parole de Dieu, mais ignore également les commandements spécifiques qui décrivent la volonté de Dieu pour des relations interpersonnelles justes et justes (Matthieu 7 :12 ; Lévitique 19 :15).

Le passage met en évidence l'appel à démontrer un amour constant plutôt que de simples gestes polis d'inclusion. Il souligne que les personnes à faible revenu doivent être pleinement intégrées au sein de la communauté ecclésiale. Les différences économiques ne devraient pas influencer la manière dont les ministères sont proposés ; au contraire, tout le monde, quelle que soit sa situation financière, mérite le même statut de disciple, le même soin pastoral et l'amour. Cette perspective met l'Église au défi de donner la priorité aux soins spirituels et relationnels plutôt qu'aux considérations matérielles, affirmant ainsi la dignité de chaque personne aux yeux de Dieu.

En fin de compte, tout acte de favoritisme porte atteinte à la loi suprême d'aimer son prochain comme soi-même, qui résume tous les principes régissant les relations humaines. Cette loi complète exige que les chrétiens respectent la justice, l'équité et l'amour inconditionnel dans leurs interactions avec les autres, reflétant le caractère de Dieu et les valeurs de son royaume dans leur vie quotidienne.

2:10 Car quiconque observe toute la loi, mais manque à un point, devient coupable de toutes.

James prévoit que certains de ses lecteurs pourraient minimiser l'importance d'accorder un traitement préférentiel. C'est pourquoi il souligne avec insistance que de telles pratiques violent la loi de Dieu. On devient coupable selon la loi de Dieu en favorisant certains individus par rapport à d'autres. La déclaration de Jacques selon laquelle « quiconque observe toute la loi, mais manque en un seul point, devient coupable de tout » (Jacques 2 : 10) clarifie que la violation d'une partie quelconque de la loi de Dieu constitue une violation de l'ensemble de ses normes morales plutôt que d'un simple commandement spécifique. violé.

Historiquement, la pensée juive a souvent segmenté la loi en commandements isolés, où obéir pouvait gagner du mérite et désobéir encourait une culpabilité, à la manière d'un grand livre financier. Cet état d'esprit persiste aujourd'hui tant parmi les Juifs que parmi les Gentils.

Jacques s'oppose à cette perspective en affirmant que l'obéissance à la volonté de Dieu ne peut être sélective ou partielle. La loi de Dieu forme un tout unifié, exprimant sa volonté complète pour son peuple. Tout comme briser un seul carreau d'une fenêtre brise son intégrité, la violation d'une partie quelconque de la loi de Dieu perturbe son cadre moral. Franchir une frontière interdite constitue une transgression de la loi, et non simplement un commandement spécifique.

Par conséquent, Jacques met l'accent sur la nature holistique de la loi de Dieu et souligne la nécessité d'une obéissance cohérente dans tous les aspects de la vie. Cette perspective met les croyants au défi d'accepter la volonté de

Dieu, en reconnaissant que la vraie justice découle d'une dévotion sans réserve à ses commandements plutôt que d'une adhésion sélective basée sur des préférences personnelles ou des convenances.

2:11 Car celui qui dit : « Ne commettez pas d'adultère », dit aussi : « Ne tuez pas ». Si vous ne commettez pas d'adultère mais un meurtre, vous êtes devenu un transgresseur de la loi.

Jacques illustre son propos sur la gravité de la violation de la loi de Dieu avec un scénario hypothétique impliquant deux transgressions extrêmes : « l'adultère » et le « meurtre ». S'il est vrai que tous les péchés n'entraînent pas le même niveau de conséquences (certains peuvent avoir des conséquences plus graves que d'autres), chaque péché, quelle que soit sa nature ou ses conséquences, représente une violation fondamentale de la volonté de Dieu.

Dans ce contexte, Jacques souligne l'égalité de tous les péchés dans leur nature de désobéissance aux normes morales de Dieu. L'adultère et le meurtre sont utilisés comme exemples pour souligner la gravité de la violation d'une partie quelconque de la loi de Dieu. Ces deux actes sont condamnés dans les Écritures, soulignant les graves conséquences de l'échec moral et du mépris des commandements de Dieu.

Le point de Jacques est crucial pour rappeler aux croyants qu'aucun péché ne doit être pris à la légère, qu'il paraisse mineur ou majeur. Chaque péché perturbe la relation entre l'humanité et Dieu, nécessitant le repentir et le pardon. Cette compréhension encourage une approche holistique de l'obéissance, dans laquelle les croyants s'efforcent d'honorer la volonté de Dieu dans tous les aspects de la vie, reconnaissant la gravité de tout échec moral et recherchant la restauration par le sacrifice expiatoire du Christ.

2:12 Parlez donc et agissez comme ceux qui doivent être jugés selon la loi de la liberté.

« La loi de la liberté », comme l'appelle Jacques (cf. Jacques 1 : 25), englobe la loi de Dieu qui apporte la libération aux croyants. Ce concept s'aligne sur les enseignements de l'apôtre Paul selon lesquels « c'est pour la liberté que Christ nous a affranchis » (Galates 5 : 1). Cette liberté sous la loi du Christ (1 Corinthiens 9 :21 ; Galates 6 :2) contraste avec les prescriptions légalistes de la loi mosaïque. Même si les croyants jouissent de cette liberté, ils doivent également reconnaître qu'ils restent responsables devant le jugement de Dieu (Romains 14 :10-13 ; 1 Corinthiens 3 :12-15 ; 2 Corinthiens 5 :10).

Jacques souligne que ce jugement concerne principalement les croyants et aura lieu au tribunal du Christ (2 Corinthiens 5 : 10). Par conséquent, les croyants sont invités à vivre et à agir en fonction de ce jugement imminent, notamment en évitant les préjugés ou le favoritisme envers les autres. Cet avertissement souligne l'importance de pratiquer l'impartialité et de traiter les autres avec la même grâce et le même respect que Dieu leur a montré.

Alors que les chrétiens sont libérés des contraintes de l'observance légaliste à travers le Christ, ils sont toujours appelés à vivre en accord avec les principes moraux de Dieu et à se préparer au jugement futur où leurs actions et attitudes seront évaluées. Cette perspective encourage les croyants à vivre de manière responsable, guidés par l'amour, la justice et une conscience consciencieuse de leur responsabilité devant Dieu.

2:13 Car le jugement est sans miséricorde pour celui qui n'a fait preuve d'aucune miséricorde. La miséricorde triomphe du jugement.

Le jugement de Dieu est impartial et juste. Il ne fait pas preuve de favoritisme mais évalue équitablement les actions de chacun. Même si les croyants sont assurés de leur salut et protégés de la colère de Dieu grâce au Christ (Romains 8 : 1), ils devront néanmoins faire face aux conséquences de leurs actes, en particulier en ce qui concerne la façon dont ils traitent les autres. Cela inclut la perte de récompense s'ils se livrent à un favoritisme impitoyable (2 Corinthiens 5 :10 ; Matthieu 5 :7 ; 6 :15 ; 7 :1 ; 18 :23-25).

À l'inverse, faire preuve de miséricorde et d'impartialité envers les autres reflète l'amour du Christ et s'aligne sur ses enseignements (Matthieu 25 : 34-40). "La miséricorde triomphe du jugement", comme l'affirme James, soulignant que l'amour doit prévaloir sur la partialité dans nos interactions. Les chrétiens sont appelés à s'accepter et à se traiter les uns les autres avec courtoisie, compassion et cohérence, reflétant l'amour et l'acceptation inclusifs du Christ.

Dans la société contemporaine, la partialité peut survenir en raison de divers facteurs tels que les disparités économiques, la race, les croyances religieuses, les affiliations politiques, le niveau d'éducation et les opinions personnelles. Malgré ces défis, les chrétiens sont invités à surmonter les préjugés et à étendre la compassion semblable à celle du Christ à tous, quelles que soient leurs circonstances ou leurs péchés. Cette approche démontre le pouvoir transformateur de l'amour du Christ dans leur vie. C'est un témoignage de sa grâce et de son pardon accordé à toute l'humanité.

Par conséquent, les chrétiens sont encouragés à imiter l'exemple du Christ en s'adressant avec amour et compassion aux individus qui peuvent être considérés comme des parias ou dont les modes de vie ou les choix diffèrent. Cela reflète un véritable engagement à vivre selon les principes de la foi chrétienne et à permettre à l'amour du Christ de guider leurs interactions et leurs relations avec les autres.

Le point de vue de Jacques sur la loi mosaïque, tel qu'il apparaît dans cette section de versets, peut conduire à des questions sur la façon dont il considérait la relation entre les chrétiens et la loi. Il est important de noter que Jacques n'a pas plaidé pour que les chrétiens adhèrent à l'intégralité du Code mosaïque, comme en témoignent ses paroles au Concile de Jérusalem (Actes 15 : 13-21). Lors de ce concile, il fut précisé que les croyants païens n'étaient pas tenus d'observer la loi mosaïque dans son intégralité pour leur salut.

La loi mosaïque avait un double objectif : réguler la vie des Israélites et révéler le caractère et les desseins de Dieu à eux ainsi qu'à tous les autres peuples. Sa fonction régulatrice a cessé avec la mort de Jésus sur la croix (Romains 10 :4 ; Hébreux 7 :12), car elle a été accomplie et remplacée par la nouvelle alliance en Christ. Cependant, sa valeur révélatrice reste éternelle, car elle fait partie de « toute l'Écriture », qui continue d'être utile pour l'enseignement et l'orientation (2 Timothée 3 : 16).

Jacques souligne que même si la loi mosaïque, en tant qu'ensemble codifié de réglementations, ne lie plus les chrétiens, ses principes moraux et ses commandements qui s'alignent sur le caractère éternel de Dieu sont toujours applicables. Ces vérités morales durables sont désormais incluses dans la « loi de liberté » ou « loi du Christ », qui guide les croyants dans la mise en œuvre de la volonté de Dieu sous la nouvelle alliance. Cette nouvelle loi met l'accent sur les principes d'amour, de justice, de miséricorde et de fidélité qui transcendent les frontières culturelles et légalistes et s'appliquent universellement à tous les croyants.

Par conséquent, même si des commandements spécifiques de la loi mosaïque peuvent continuer à éclairer la conduite chrétienne selon les principes de la nouvelle alliance, les chrétiens ne sont pas soumis à la loi mosaïque elle-même. Au lieu de cela, ils sont appelés à vivre selon les principes libérateurs de l'Évangile, guidés par les enseignements de Jésus et des apôtres, qui soutiennent les vérités morales intemporelles révélées dans les Écritures.

La foi sans les œuvres est morte

Certaines interprétations considèrent cette section de Jacques comme un déplacement de l'attention de la question de la partialité discutée plus tôt (v. 1-13) vers un nouveau sujet : la relation entre la foi et les œuvres. Cependant, d'autres, dont moi-même, voient un lien plus profond entre ces sections, similaire à la relation entre Jacques 1 :19-27 et 1 :2-18. Tout comme le passage précédent traitait d'une question fondamentale sous-jacente à des problèmes pratiques, cette section développe les implications d'une foi authentique en Christ, que Jacques a présentée au verset 1 comme incompatible avec la démonstration de partialité (prosopolempsia).

Ici, Jacques approfondit la nature et la signification de la foi en Jésus-Christ, qui, selon lui, est incompatible avec le favoritisme (Jacques 2 : 1). Son argument est centré sur l'authenticité et met en garde contre une auto-illusion superficielle. Le thème plus large concerne donc la vitalité et l'authenticité de la foi en Dieu. James utilise la question du favoritisme pour provoquer une introspection chez ses lecteurs : vivent-ils vraiment leur foi et appliquent-ils leurs croyances dans leur conduite ? Leur traitement partiel envers les autres sert de test décisif pour la sincérité et la profondeur de leur foi.

Jacques oppose la simple profession de foi verbale à la démonstration active de cette foi par les œuvres. Il souligne que la véritable maturité chrétienne implique d'endurer patiemment les épreuves (comme discuté dans Jacques 1) et de vivre la vérité de la Parole de Dieu. Par conséquent, le thème de cette section est de professer ses croyances, de les mettre en pratique et de les incarner activement dans la vie quotidienne. Il ne suffit pas d'entendre et de discuter simplement de la Parole de Dieu ; la vraie foi nécessite une action obéissante et un alignement avec la volonté de Dieu.

En résumé, James utilise la question du favoritisme pour mettre son auditoire au défi d'évaluer l'authenticité et les implications pratiques de leur foi. Cette section met en évidence le lien indissociable entre la foi authentique en Christ et l'expression extérieure de cette foi à travers des actions et des attitudes justes.

L'interprétation de Jacques 2 : 14-26 a suscité un débat parmi les théologiens, principalement quant à savoir si Jacques s'adresse aux croyants ou aux incroyants dans sa discussion sur la foi et les œuvres. Explorons chacune des trois interprétations principales :

Perte du salut (vue arminienne) : Certains interprètent ces versets comme décrivant un croyant qui a perdu son salut parce qu'il n'expose plus d'œuvres démontrant une foi authentique. Selon ce point de vue, la véritable foi salvatrice se manifeste par une vie de bonnes œuvres. Ceux qui soutiennent ce point de vue croient généralement qu'une personne peut perdre son salut si elle ne continue pas à vivre dans la foi et l'obéissance.

Assentiment intellectuel (incroyant prétendant être un croyant) : Une autre interprétation postule que Jacques décrit quelqu'un qui prétend être chrétien mais qui possède uniquement un assentiment intellectuel à l'Évangile sans une véritable foi salvatrice. La foi de cette personne est superficielle et n'a pas le pouvoir de transformation qui se traduit par une vie caractérisée par de bonnes œuvres. Les partisans de ce point de vue soutiennent que Jacques oppose la vraie foi salvatrice qui produit des œuvres à une foi fausse et superficielle qui ne produit pas d'œuvres.

Croyant vivant de manière incohérente (Croyant ne vivant pas par la foi) : La troisième interprétation suggère que Jacques s'adresse à de véritables croyants qui, tout en possédant une véritable foi salvatrice, ne vivent peut-être pas systématiquement leur foi dans leurs actions. Ce point de vue met l'accent sur la nécessité pour les croyants d'aligner leur conduite sur leurs croyances et de démontrer leur foi par des actions obéissantes et une vie juste.

Il est essentiel d'examiner attentivement le passage pour discerner quelle interprétation correspond le plus à l'intention de Jacques. Jacques soutient que la foi sans les œuvres est morte (Jacques 2 : 17, 26), soulignant que la vraie foi aboutit naturellement à des actions qui reflètent l'œuvre transformatrice de Dieu dans la vie du croyant. Il utilise des exemples comme Abraham et Rahab pour illustrer comment la foi authentique se manifeste dans l'obéissance et les actions justes (Jacques 2 : 21-25).

En fin de compte, le contexte et le langage de James suggèrent qu'il s'adresse à ceux qui professent avoir la foi mais ne la démontrent pas par leurs actions. Il met ses lecteurs au défi d'évaluer l'authenticité de leur foi en examinant si elle produit des fruits sous la forme d'une vie juste et de bonnes œuvres.

Alors que le débat se poursuit entre érudits et théologiens, comprendre la préoccupation principale de Jacques – une foi authentique attestée par une vie d'obéissance et d'œuvres – aide à clarifier l'interprétation qui correspond le mieux au contexte du passage.

2:14 A quoi bon, mes frères, si quelqu'un dit qu'il a la foi mais qu'il n'a pas les œuvres ? Cette foi peut-elle le sauver ?

Jacques aborde une question théologique cruciale dans Jacques 2 : 14-26 concernant la relation entre la foi. Il travaille et explique comment ils se manifestent dans la vie d'un croyant. Il existe trois interprétations principales parmi les théologiens concernant à qui Jacques s'adresse et ce qu'il entend transmettre :

Interprétation arminienne : selon ce point de vue, si une personne prétend être chrétienne mais ne montre aucune preuve de foi authentique à travers son style de vie, en particulier à travers les bonnes œuvres, elle n'a peut-être jamais été véritablement sauvée ou a perdu son salut. Cette interprétation reflète la croyance selon laquelle une véritable foi salvatrice se manifeste par une vie transformée caractérisée par l'obéissance à Dieu.

Interprétation réformée : La perspective réformée, comme mentionnée, postule que si une personne prétend être chrétienne mais ne montre aucune preuve de vraie foi dans ses actions, elle n'a jamais été véritablement sauvée au départ. Ce point de vue souligne que la vraie foi aboutit nécessairement à une vie transformée par la grâce de Dieu, se manifestant par des actions justes et l'obéissance.

Croyant vivant de manière incohérente : La troisième interprétation reconnaît qu'une personne qui prétend être chrétienne mais qui manque de preuves d'une vraie foi dans son style de vie peut soit ne pas être véritablement sauvée, soit être un croyant qui ne vit pas selon sa foi. Ce point de vue laisse entrevoir la possibilité que les vrais croyants soient confrontés à l'incohérence. Néanmoins, cela souligne l'importance d'aligner sa conduite sur sa foi professée.

Au verset 14 : « Ce genre de foi peut-il le sauver ? (WEB), le questionnement de James utilise une construction grecque qui attend une réponse négative. Cette construction se trouve dans Jacques et 1 Corinthiens 13 : 4, soulignant que la foi dépourvue d'œuvres d'accompagnement est insuffisante pour le salut. James soutient que la vraie foi, attestée par des actions alignées sur la volonté de Dieu, sauve véritablement une personne.

L'accent mis par Jacques sur les œuvres comme fruit d'une foi authentique fait écho aux enseignements de Jésus et à d'autres écrits du Nouveau Testament qui soulignent la nécessité pour la foi de produire des résultats visibles et tangibles dans la vie d'un croyant (Matthieu 7 : 16-20 ; Éphésiens 2 : 8-10). Les œuvres ne sont pas un moyen de gagner le salut mais sont le résultat naturel et la preuve d'un cœur transformé et d'une foi authentique en Christ.

Même si les interprétations peuvent varier, Jacques souligne le lien indissociable entre une foi authentique et une vie d'obéissance et de bonnes œuvres. Cela correspond aux enseignements bibliques plus larges sur le salut et le pouvoir transformateur de la foi en Christ.

L'apparente contradiction entre l'accent mis par Paul sur la foi sans les œuvres pour le salut (Éphésiens 2 :8-9 ; Romains 11 :6) et l'affirmation de Jacques selon laquelle la foi sans les œuvres est morte (Jacques 2 :17) a été un sujet de discussion théologique pendant des siècles. . Cependant, la compréhension de leurs contextes et de leurs priorités respectives permet de comprendre que Paul et Jacques abordent des aspects complémentaires de la foi chrétienne plutôt que des doctrines opposées.

L'accent de Paul : Paul souligne que le salut s'obtient par la grâce, par la foi seule, sans les œuvres (Éphésiens 2 : 8-9). Il soutient que personne ne peut obtenir le salut par ses propres efforts ; c'est un don de Dieu reçu par la foi. Cela met en évidence la vérité fondamentale selon laquelle le salut est initié et assuré par la grâce de Dieu, et non par le mérite humain (Romains 11 : 6).

L'accent mis par James : d'autre part, James souligne le lien indissociable entre la foi authentique et une vie transformée caractérisée par les bonnes œuvres. Il soutient que la vraie foi produit naturellement du fruit par des actions justes et l'obéissance aux commandements de Dieu (Jacques 2 : 18, 26). Pour Jacques, la foi sans les œuvres est morte, ce qui signifie qu'il lui manque la preuve d'une véritable foi salvatrice.

Le conflit apparent découle de différents contextes et accents théologiques :

Le contexte de Paul : Paul aborde l'acte initial du salut : être justifié devant Dieu par la foi en Christ seul, indépendamment des œuvres de la loi (Romains 3 :28 ; Galates 2 :16). Il souligne que le salut est un don gratuit et non quelque chose gagné par les actes.

Contexte de Jacques : Jacques aborde la démonstration et la validation continues de la foi à travers une vie d'obéissance et de bonnes œuvres. Il met les croyants au défi de vivre activement leur foi, démontrant qu'elle est authentique et transformatrice.

La citation : « Paul et Jacques ne se tiennent pas face à face, se battant l'un contre l'autre, mais ils se tiennent dos à dos , combattant des ennemis opposés », illustre que Paul et Jacques abordent différents aspects de la vie chrétienne : le salut initial par la grâce à travers la foi (Paul) et la démonstration continue de la foi à travers les œuvres (Jacques).

Jésus lui-même a souligné la nécessité d'être disciple et d'obéir comme preuve de la vraie foi (Matthieu 7 :21 ; Jean 14 :15). Il a utilisé un langage fort pour souligner qu'une foi authentique produit une vie engagée à le suivre et à vivre selon ses enseignements (Matthieu 16 :24-26 ; Luc 9 :23-25).

Même si Paul et Jacques abordent le sujet de la foi et de leurs œuvres sous des angles différents, leurs enseignements sont complémentaires plutôt que contradictoires. Paul souligne que le salut s'obtient par la grâce et par la foi seule. En revanche, Jacques souligne que la vraie foi aboutit à une vie d'obéissance et de bonnes œuvres. Ensemble, leurs enseignements offrent une vision holistique de la vie chrétienne : sauvé par la grâce par la foi et transformé pour vivre dans l'obéissance à la volonté de Dieu.

La discussion de Jacques au verset 14 et suivants sur la foi et les œuvres touche à des aspects cruciaux de la vie chrétienne et de la compréhension du salut. Voici une ventilation des points clés et des interprétations :

Foi et obéissance : Jacques souligne que la foi authentique en Christ doit être accompagnée de l'obéissance et des bonnes œuvres. Il utilise l'analogie selon laquelle la foi sans les œuvres est comme un corps sans esprit : il est mort et incapable d'accomplir son objectif (Jacques 2 : 26).

Conséquences de la foi sans les œuvres : Jacques prévient que la foi orthodoxe, sans l'obéissance correspondante exprimée dans les bonnes œuvres, ne peut protéger un chrétien des conséquences du péché dans cette vie. Ces conséquences peuvent inclure une perte de communion avec Dieu et, dans les cas extrêmes, la mort physique (Jacques 5 :20 ; 1 Jean 5 :16). Il souligne que la foi seule ne dispense pas les croyants de la discipline ou de la correction de Dieu (Hébreux 12 : 6).

Interprétation du « salut » : De nombreux commentateurs interprètent les références de Jacques au salut comme faisant principalement référence à la délivrance ou au sauvetage des conséquences temporelles plutôt qu'à la damnation éternelle. Le mot grec pour salut, « soteria », dans son usage biblique, fait souvent référence à un concept plus large de sauvetage, de préservation ou d'intégralité dans divers contextes. Seul un petit pourcentage des utilisations de l'Ancien Testament pour « sauver » ou « salut » se rapportent directement au salut éternel (environ 7,1 %).

Compréhension contextuelle : Comprendre l'utilisation du « salut » par James nécessite une sensibilité contextuelle. Il aborde la mise en œuvre pratique de la foi dans la vie quotidienne plutôt que le concept théologique de justification devant Dieu. Jacques s'intéresse à la façon dont la foi transforme le comportement et a un impact sur la communauté chrétienne, soulignant la nécessité des œuvres comme preuve d'une foi authentique (Jacques 2 : 18).

Grâce et œuvres : Il est crucial de concilier l'accent mis par Jacques sur les œuvres avec l'enseignement de Paul sur la justification par la foi en dehors des œuvres de la loi (Éphésiens 2 : 8-9). Paul souligne que le salut de la damnation éternelle est un don de la grâce de Dieu reçu par la foi seule. Jacques complète cela en soulignant que la vraie foi, même si elle ne dépend pas des œuvres pour sa justification initiale, produit inévitablement des œuvres comme fruit naturel (Jacques 2 : 22).

En résumé, la discussion de Jacques sur la foi et les œuvres met en évidence la nature holistique de la vie chrétienne, où la foi authentique se manifeste par des actions obéissantes et de bonnes œuvres. Alors que le salut de la condamnation éternelle s'obtient uniquement par la grâce de Dieu à travers la foi, Jacques souligne qu'une foi qui manque d'expression pratique par les œuvres est incomplète et inefficace pour accomplir les desseins de Dieu pour les croyants. Ainsi, la foi et les œuvres jouent un rôle essentiel dans le parcours de disciple et d'obéissance du chrétien.

2:15 Si un frère ou une sœur est mal vêtu et manque de nourriture quotidienne, **2:16,** et que l'un de vous lui dit : « Allez en paix, soyez réchauffé et rassasié », sans lui donner les choses nécessaires au corps, à quoi ça sert ?

Dans les versets 15 à 17, Jacques continue d'illustrer son propos sur la foi et travaille avec un exemple concret. Il dépeint un scénario qui a probablement trouvé un écho auprès de son auditoire à Jérusalem, où de nombreux croyants étaient confrontés à la pauvreté (Romains 15 :25-31 ; 1 Corinthiens 16 :3). Tous les individus dans cette illustration sont identifiés comme de véritables chrétiens, soulignant leur foi commune.

La situation décrite par James met en évidence l'incohérence de revendiquer une foi vitale – c'est-à-dire de mettre activement sa foi en pratique – sans parvenir à le démontrer par des actions (œuvres) correspondantes. Cela concorde avec l'enseignement de l'apôtre Jean selon lequel l'amour véritable implique des actions tangibles, et non seulement des paroles (1 Jean 3 : 17-18).

James utilise des images saisissantes pour faire comprendre son point de vue : imaginez quelqu'un prétendant avoir la foi et bénissant verbalement un compagnon croyant qui en a cruellement besoin, en lui disant : « Va en paix, sois réchauffé et rassasié », mais n'offrant ensuite aucune aide pratique telle que fournir des vêtements ou de la nourriture. James remet en question rhétoriquement l'efficacité de simples paroles sans actes correspondants. Il montre qu'une telle foi sans les œuvres est aussi inefficace qu'une bénédiction verbale pour sauver la vie d'une personne affamée : seule la fourniture réelle de nourriture peut répondre au besoin immédiat.

Une paraphrase d'un érudit grec rend bien l'intention de Jacques dans ces versets : Si quelqu'un prétend avoir la foi mais n'agit pas en conséquence, cette foi peut-elle préserver sa vie ? Jacques souligne que la foi, lorsqu'elle n'est pas accompagnée d'actes, est essentiellement morte, dépourvue du pouvoir vivifiant qu'elle devrait manifester dans les actions du croyant envers les autres dans le besoin.

Jacques utilise cet exemple pour souligner que la vraie foi produit naturellement des œuvres de compassion et d'obéissance à la Parole de Dieu. Dans son enseignement, la foi et les œuvres sont des aspects inséparables de la vie chrétienne authentique, reflétant l'amour et le souci de Dieu pour les autres de manière pratique et tangible.

2:17 Ainsi donc, la foi en elle-même, si elle n'a pas les œuvres, est morte.

L'enseignement de Jacques sur la foi et les œuvres, en particulier dans les versets 15 à 17, précise qu'il ne suggère pas que le manque d'œuvres implique une absence totale de foi ou une perte de la vie éternelle. Au lieu de cela, il souligne que la foi sans actions correspondantes – ce qu'il appelle « œuvres » – est essentiellement inactive et inefficace.

Jacques illustre cela avec des exemples pratiques : si quelqu'un prétend avoir la foi mais n'agit pas pour répondre aux besoins physiques immédiats d'un autre croyant démuni, sa foi, bien que professée, reste endormie et improductive. Il utilise le terme « mort » pour décrire de manière frappante une telle foi – non pas dans le sens de non-existence, mais dans le sens d'être inactive, dépourvue de vitalité et donc incapable d'accomplir son objectif.

L'analogie de la foi sans que les œuvres soient « mortes » est significative. Cela met en évidence la préoccupation centrale de Jacques : la foi authentique produit naturellement des actions qui s'alignent sur la volonté de Dieu et démontrent son amour envers les autres. Le simple fait d'exprimer sa sympathie ou son accord sans actes tangibles pour soutenir ces croyances ne correspond pas à l'obéissance active préconisée par James.

Le choix de Jacques de « morts » résonne avec le thème biblique plus large de la vie et de la mort. Il s'inspire de la sagesse des Proverbes, où la justice mène à la vie, mais la poursuite du mal mène à la mort (Proverbes 11 : 19). Pour Jacques, la question n'est pas de sauver de la damnation éternelle mais de la vitalité de la foi dans la vie chrétienne pratique. Une foi qui ne produit pas d'œuvres peut-elle sauver quelqu'un des conséquences de la négligence d'obéir aux commandements de Dieu et de répondre aux besoins des autres ? Sa question rhétorique pointe vers une réponse évidente : la foi inactive ne le peut pas.

L'utilisation par Jacques du mot « mort » pour décrire la foi sans les œuvres met en évidence l'urgence et le caractère pratique de la foi chrétienne. Il met les croyants au défi d'aller au-delà de la simple profession et de vivre activement leur foi à travers des actions compatissantes et l'obéissance à la Parole de Dieu. Cette perspective met en évidence la relation dynamique entre la foi et les œuvres dans le cadre d'un véritable disciple chrétien.

2:18 Quelqu'un dira : « Vous avez la foi, et j'ai les œuvres. » Montre-moi ta foi en dehors de tes œuvres, et je te montrerai ma foi par mes œuvres.

Dans Jacques 2 : 18, l'utilisation d'une diatribe – un dispositif rhétorique où une objection est soulevée et répondue – est évidente. L'objecteur présente un point de vue qui remet en question l'affirmation de James sur la relation entre la foi et les œuvres. L'interprétation de qui dit quoi dans ce verset peut varier en fonction des choix de traduction et de ponctuation.

En utilisant des guillemets, la NIV attribue uniquement la première partie du verset (« Vous avez la foi ; j'ai des actions ») à l'objecteur, ce qui implique que Jacques répond à cette déclaration dans la dernière partie. D'un autre côté, le NASB inclut le verset entier comme déclaration de l'objecteur, suggérant une objection continue avant que James ne propose sa réfutation.

Étant donné que le texte grec original ne comprenait pas de signes de ponctuation, la détermination de la division exacte entre la déclaration de l'objecteur et la réponse de James repose sur des indices contextuels et un flux logique. L'intention de l'objecteur semble argumentative plutôt que de simplement faire une déclaration, influençant la façon dont nous comprenons où se termine son objection et où commence la réponse de James.

Dans ce contexte, de nombreux chercheurs et commentateurs trouvent judicieux de s'aligner sur la ponctuation de la NASB, où le verset entier est attribué à l'objecteur. Cette interprétation maintient un flux d'argumentation cohérent, où l'objecteur conteste la thèse de James. Jacques fournit ensuite une réponse détaillée dans les versets 19 à 23, abordant la relation entre la foi, les œuvres et leur inséparabilité dans la vie chrétienne authentique.

Par conséquent, bien qu'il puisse y avoir différentes approches pour ponctuer et interpréter ce verset, la préférence pour la compréhension de l'objection de l'objecteur dans son intégralité, comme dans la NASB, aide à maintenir la clarté et la cohérence dans l'argumentation de Jacques sur le lien nécessaire entre la foi et les œuvres dans le monde chrétien. vie.

L'objection soulevée par l'objecteur hypothétique dans Jacques 2 : 18 remet en question l'idée selon laquelle les bonnes œuvres sont la preuve nécessaire de la foi salvatrice. Ce point de vue suggère que même si les bonnes œuvres sont effectivement une manifestation d'une foi authentique, elles ne constituent pas un moyen pour quelqu'un de prouver son salut. L'argument de l'objecteur implique qu'on ne peut pas démontrer la foi sans les œuvres. A l'inverse, les œuvres sont la preuve visible de la foi.

Cette perspective s'aligne sur les enseignements de certains cercles évangéliques, où les bonnes œuvres sont considérées comme des indicateurs essentiels du salut et de la sanctification continue d'une personne. Selon ce point de vue, si une personne ne fait pas de bonnes œuvres, cela remet en question l'authenticité de sa foi et, donc, son salut. Cette position cherche à souligner le pouvoir transformateur de la foi en produisant une vie marquée par la justice et l'obéissance aux commandements de Dieu.

Cependant, l'objection soulevée dans Jacques 2 : 18 soulève également une question cruciale : si les bonnes œuvres sont effectivement la preuve nécessaire de la foi salvatrice, alors pourquoi Jésus a-t-il enseigné que certains qui sont en Lui ne peuvent pas porter de fruit (Jean 15 : 2, 6).) ? Cette référence à l'enseignement de Jésus dans l'Évangile de Jean met en évidence une tension dans l'interprétation de la relation entre la foi, les œuvres et l'assurance du salut.

Historiquement, certains au sein de la tradition réformée, en particulier après l'époque de Jean Calvin, ont popularisé l'idée selon laquelle la preuve de la sanctification doit être présente avant qu'un croyant puisse avoir la pleine assurance de sa justification. Cette perspective s'écarte cependant des enseignements originaux de Jean Calvin sur la foi et l'assurance. Des personnalités comme Théodore Bèza à Genève et William Perkins en Angleterre ont marqué de manière significative cette rupture avec la doctrine de Calvin.

En résumé, même si les bonnes œuvres sont reconnues comme des manifestations cruciales de la foi authentique, les implications théologiques de leur rôle dans la démonstration du salut continuent de faire l'objet de débats au sein de différentes traditions chrétiennes. L'objection soulevée dans Jacques 2 : 18 remet en question les vues trop simplistes sur la foi et les œuvres, appelant à une réflexion plus approfondie sur la façon dont ces concepts interagissent dans le cadre de la croyance et de la pratique chrétienne.

L'assurance du salut pour les chrétiens est fondamentalement enracinée dans les promesses de Dieu trouvées dans les Écritures (Jean 1 :12 ; 3 :16, 36 ; 5 :24 ; 6 :47 ; 10 :27-29 ; 20 :31, etc.). Cela ne repose pas principalement sur la présence ou l'absence de bonnes œuvres (fruits) dans leur vie. Jésus a enseigné que certaines branches qui lui sont liées, représentant les croyants, peuvent ne pas porter de fruits (Matt. 13 :22 ; Marc 4 :7 ; Luc 8 :14 ; Jean 15 :2, 6), mais elles restent liées à Lui et participent à la vie qu'Il offre.

Chaque véritable croyant expérimente une transformation intérieure significative en faisant confiance à Jésus-Christ comme Sauveur (Galates 2 :20 ; Rom. 6 :13 ; Éph. 5 :8 ; Col. 1 :13, etc.). Cette transformation ne garantit cependant pas nécessairement des changements de comportement immédiats ou cohérents. Les Écritures n'affirment pas que chaque croyant présentera inévitablement des signes extérieurs de transformation ; ces changements dépendent plutôt de leur réactivité à la volonté de Dieu et à l'œuvre du Saint-Esprit.

Comme le dit une illustration, un arbre démontre sa vie en portant des fruits, mais il était vivant avant de produire des fruits ou des feuilles. De même, même si les œuvres sont nécessaires pour démontrer la foi aux autres (Jacques 2 :18), elles ne servent pas de base à notre justification judiciaire devant Dieu (Rom. 8 :33), qui est méritée uniquement par Christ (Ésaïe 53 : 11) et reçu par la foi (Rom. 5 : 1).

Le concept de « chrétiens charnels » (1 Cor. 3 : 1-4) fait référence aux croyants qui se livrent à leurs désirs charnels au lieu de céder au contrôle du Saint-Esprit. Bien que le fruit soit un indicateur externe de la vie intérieure, les véritables chrétiens ne peuvent porter que peu ou pas de preuves externes de leur transformation spirituelle, tout comme certains arbres fruitiers ne portent que peu ou pas de fruits. Le Saint-Esprit produit généralement une transformation intérieure et extérieure chez les croyants, à moins qu'il ne soit entravé par la résistance du croyant (1 Thess. 5 :19 ; Eph. 4 :30).

Même si les bonnes œuvres sont censées accompagner une foi authentique et témoignent d'une vie transformée, elles ne constituent pas la base du salut , mais plutôt le résultat naturel d'une vie abandonnée au Christ et dotée de la puissance du Saint-Esprit. Ainsi, l'assurance du salut repose solidement sur les promesses de Dieu et sur l'œuvre de transformation du Christ, et non sur l'évidence fluctuante des œuvres dans la vie d'un croyant.

2:19 **Vous croyez que Dieu est Un ; vous faites bien. Même les démons croient – et frémissent !**

Jacques contredit l'argument présenté par l'objecteur au verset 18 en utilisant l'exemple des démons pour illustrer son propos. Il souligne que la foi authentique ne se traduit pas automatiquement en bonnes œuvres. Contrairement aux humains, les démons possèdent la connaissance et la croyance dans les vérités concernant Dieu : ils reconnaissent qu'Il est souverain et que Ses révélations sont vraies, comme la déclaration du Shema : « Dieu est Un » (Deut. 6 : 4). Malgré cette compréhension correcte, les démons persistent dans leurs mauvaises actions et comportements, connaissant parfaitement les conséquences qui les attendent. Leur réponse à cette connaissance est la peur et le tremblement, anticipant le jugement qui les attend.

James choisit délibérément les démons comme exemple, non pas parce qu'ils sont capables de salut – ils sont irrémédiablement perdus – mais parce qu'ils illustrent de manière frappante le décalage entre une croyance correcte et un comportement désobéissant. Jacques s'adresse aux véritables chrétiens (comme l'indiquent des termes comme « frères et sœurs » dans divers versets) tout au long de son épître, y compris ceux qui, comme les démons, peuvent connaître la vérité intellectuellement mais ne parviennent pas à aligner leurs actions sur leurs croyances.

Cette analogie sert à mettre en évidence l'argument de Jacques selon lequel la foi, si elle est authentique, devrait naturellement produire des œuvres correspondantes (Jacques 2 : 18). Il prévient que les chrétiens, comme les démons, peuvent persister dans la désobéissance malgré leur connaissance de la volonté de Dieu et la certitude du jugement futur (2 Cor. 5 : 10). Ainsi, Jacques encourage les croyants à examiner leur foi non seulement en termes de croyance intellectuelle, mais aussi dans la manière dont elle façonne leurs actions et leur obéissance à la Parole de Dieu.

James utilise l'illustration des démons non pas pour aborder la question de la manière dont on est régénéré ou sauvé, mais pour souligner un autre point concernant la relation entre croyance et comportement. Contrairement aux humains, qui peuvent être régénérés par la foi en Christ, les démons constituent un exemple frappant d'êtres qui possèdent une connaissance et une croyance correctes concernant les vérités de Dieu, telles que sa souveraineté et son unicité (reflétées dans le Shema). Pourtant, leur comportement reste en opposition directe avec Sa volonté. Cette déconnexion entre croyance et comportement est au cœur de l'argumentation de Jacques tout au long de son épître.

Le but de Jacques en utilisant les démons comme illustration n'est pas de contester la suffisance de l'assentiment intellectuel à l'Évangile pour le salut. Au lieu de cela, il illustre que même une croyance correcte ne se traduit pas nécessairement par des actions obéissantes. Ce thème s'aligne avec d'autres passages de Jacques où il critique les pratiques religieuses vides de sens qui manquent d'une conduite juste correspondante (Jacques 1 :26-27 ; 4 :17).

La référence de Jacques à ce que croient les démons n'est pas assimilée au message du Plein Évangile requis pour le salut. Au lieu de cela, il se concentre sur les implications morales et éthiques de la croyance, en particulier sur le fait qu'une foi authentique devrait aboutir à une vie transformée qui obéit à la volonté de Dieu. Cela correspond à sa préoccupation plus large pour la concrétisation pratique de la foi dans la vie des croyants.

Concernant le point textuel du verset 19, certains érudits suggèrent que l'objecteur continue également à parler dans ce verset. Ceci est corroboré par des variations dans les manuscrits grecs anciens où le mot « par » (ek) apparaît au lieu de « sans » (choris). Cependant, la plupart des érudits soutiennent que « sans » (choris) est la lecture correcte et que Jacques lui-même reprend son discours au verset 19 pour répondre à l'argument de l'objecteur.

En résumé, Jacques utilise l'exemple des démons non pas pour discuter de la nature du salut mais pour souligner le lien crucial entre la foi authentique et le comportement juste correspondant. Il met les croyants au défi de veiller à ce que leur foi ne soit pas simplement un assentiment intellectuel mais soit démontrée par l'obéissance et une vie juste.

2:20 **Veux-tu qu'on te montre, insensé, que la foi sans les œuvres est inutile ?**

Jacques réfute fermement l'argument de l'objecteur, le qualifiant de « stupide », soulignant que la foi sans les bonnes œuvres accompagnées n'est pas simplement inactive ou vaine, mais effectivement inutile. Le terme grec qu'il utilise, «

argos », évoque l'idée d'être oisif, inefficace ou au chômage, un peu comme la description d'un organe du corps qui ne fonctionne pas (Matthieu 20 : 3, 6).

Pour illustrer davantage son propos, Jacques compare un chrétien qui manque de travail à quelqu'un dont un organe ne fonctionne pas. Tout comme un tel organe est mort et ne sert à rien dans le corps, de même la foi sans les œuvres est morte et inutile dans la vie du croyant. James souligne que ce type de foi inactive non seulement ne parvient pas à atteindre son objectif, mais contribue également à la stagnation spirituelle et peut entraîner des conséquences néfastes, semblables à l'impact qu'un organe mort peut avoir sur la santé physique.

Dans les versets 21 à 23, Jacques explique clairement ce qu'il entend par « l'inutilité » de la foi sans les œuvres. Tout au long de son épître, il souligne systématiquement qu'il s'attaque à l'inefficacité de la foi lorsqu'elle n'est pas accompagnée d'actions correspondantes plutôt que de remettre en question l'existence de la foi elle-même en l'absence d'œuvres (Jacques 1 :26 ; 2 :14, 16, 20)..

James se concentre sur le défi des croyants à vivre leur foi de manière active et pratique, démontrant le pouvoir transformateur de la vraie foi à travers des actions justes et l'obéissance à la Parole de Dieu. Ses enseignements soulignent que la foi authentique produit naturellement de bonnes œuvres, reflétant une vie transformée par la grâce de Dieu et activement engagée dans ses desseins.

2:21 **Abraham, notre père, n'a-t-il pas été justifié par les œuvres lorsqu'il a offert son fils Isaac sur l'autel ?**

La contradiction apparente entre la déclaration de Jacques selon laquelle Abraham était justifié par les œuvres (Jacques 2 :21) et l'enseignement de Paul selon lequel Abraham était justifié par la foi (Genèse 15 :6 ; Romains 4 :1-5) tourne autour de la compréhension du terme « justifié ». Bibliquement, être justifié signifie être déclaré juste aux yeux de la loi, et non être rendu juste dans sa conduite (Exode 23 :7 ; Deutéronome 25 :1 ; 1 Rois 8 :32).

La justification d'Abraham dans Genèse 15 : 6, lorsque Dieu l'a déclaré juste en raison de sa foi en la promesse de Dieu, marque sa première déclaration de justice devant Dieu. Cet événement est souvent compris comme la « nouvelle naissance » ou la régénération spirituelle d'Abraham, un concept mis en parallèle dans le Nouveau Testament (Genèse 15 : 6).

Jacques, écrivant dans Jacques 2 : 21, discute d'un aspect différent de la vie d'Abraham, faisant spécifiquement référence à Genèse 22, où la foi d'Abraham a été démontrée par sa volonté d'offrir Isaac, son fils, en sacrifice. Jacques soutient que la foi d'Abraham a été validée et complétée par son obéissance et ses œuvres, montrant que la foi authentique produit naturellement des actions qui s'alignent sur la volonté de Dieu.

Il est crucial de noter que Jacques et Paul ne se contredisent pas mais abordent plutôt des dimensions différentes de la justification. Jacques souligne que la vraie foi se manifeste par les actions. En même temps, Paul se concentre sur la vérité fondamentale selon laquelle nous sommes initialement justifiés (déclarés justes) par la foi seule, indépendamment des œuvres (Romains 3 :28 ; Éphésiens 2 :8-9).

Une fois justifiés par la foi, les croyants conservent éternellement leur position juste devant Dieu (Romains 5 :1 ; 8 :1). Ils ne perdent pas leur statut légitime et n'ont pas besoin d'être à nouveau « sauvés ». La tension ne vient pas d'une contradiction théologique mais d'accents divergents sur la nature multiforme de la justification et son application dans la vie du croyant.

Jacques fait référence à un deuxième cas où la justice d'Abraham a été déclarée à travers ses œuvres, citant spécifiquement Genèse 22 lorsqu'Abraham a offert Isaac sur l'autel. Cette obéissance a démontré l'authenticité et la maturité de la foi d'Abraham, renforçant sa position juste devant Dieu.

Le concept de « justification » dans le contexte de James implique la démonstration publique ou la validation de sa foi par des actions. Alors que Paul met l'accent sur la justification en tant que Dieu déclarant une personne juste sur la base de la foi seule (Romains 3 : 28 ; 4 : 3), Jacques se concentre sur la preuve extérieure de cette justice intérieure. Pour Jacques, la foi authentique produit naturellement des œuvres qui témoignent de son authenticité (Jacques 2 : 18).

Abraham est un excellent exemple de ce principe. Sa justification initiale dans Genèse 15 : 6 s'est produite lorsqu'il a cru à la promesse de descendance de Dieu malgré sa vieillesse et la stérilité de Sarah. Cette foi lui fut créditée comme justice (Genèse 15 : 6 ; Romains 4 : 3). Plus tard, dans Genèse 22, la foi d'Abraham fut mise à l'épreuve lorsqu'il se prépara docilement à sacrifier Isaac comme Dieu l'avait ordonné. Cette obéissance démontrait la maturité et la continuité de la foi d'Abraham, montrant que sa foi n'était pas oisive mais active et vivante.

L'accent mis par Jacques sur les œuvres comme preuve de la foi complète l'enseignement de Paul sur la justification par la foi seule. Jacques et Paul affirment tous deux que la foi authentique produit une vie transformée caractérisée par l'obéissance et les bonnes œuvres (Éphésiens 2 : 10). Cependant, ils abordent le sujet sous différents angles : Paul aborde la nature fondamentale de la foi dans la justification, et Jacques met en évidence la concrétisation pratique de la foi dans la vie quotidienne.

Jacques mentionne la deuxième justification d'Abraham, soulignant la nature continue et active de la vraie foi. Cela se manifeste par l'obéissance et les œuvres qui témoignent de la justice de chacun devant Dieu. Cette compréhension aide à réconcilier l'enseignement de Jacques avec l'accent théologique de Paul sur la justification par la foi indépendamment des œuvres de la loi.

2:22 Vous voyez que la foi était active avec ses œuvres, et que la foi était complétée par ses œuvres ;

Jacques souligne que la foi d'Abraham a été « perfectionnée » ou rendue complète par ses œuvres, ce qui signifie que ses actions ont renforcé et démontré l'authenticité de sa foi. Cela concorde avec l'enseignement antérieur de Jacques dans 1 : 2-4, où il souligne que les épreuves et les défis de la vie peuvent conduire à la maturation et au perfectionnement de la foi.

La foi d'Abraham a été profondément mise à l'épreuve lorsque Dieu lui a ordonné d'offrir Isaac en sacrifice (Genèse 22). Malgré l'apparente contradiction – Dieu promettant une descendance à travers Isaac – Abraham obéit avec foi, croyant que Dieu pouvait même ressusciter Isaac d'entre les morts (Hébreux 11 : 19). Lorsque Dieu a fourni un bélier comme sacrifice de substitution, cela a affirmé la confiance et l'obéissance d'Abraham, solidifiant et renforçant sa foi.

Jacques utilise Abraham comme exemple pour illustrer comment la foi n'est pas simplement un assentiment ou une croyance intellectuelle, mais une confiance active en Dieu qui se traduit par des actions obéissantes. Le mot grec traduit par « perfectionné » (teleioō) suggère la croissance, la maturité et l'achèvement. Grâce à l'obéissance, la foi d'Abraham est devenue plus forte, démontrant que la foi authentique est dynamique et transformatrice, influençant la vie de chacun.

Ce concept résonne avec l'enseignement biblique plus large selon lequel la foi et les œuvres sont inséparables dans la vie d'un croyant. La foi initie le salut et la sanctification continue, tandis que les œuvres, nées d'une foi authentique, témoignent de la réalité de cette foi (Éphésiens 2 : 8-10).

Par conséquent, l'utilisation par Jacques de l'exemple d'Abraham met en évidence la synergie entre la foi et les œuvres : la foi authentique produit des œuvres, et ces œuvres renforcent et perfectionnent la foi, la rendant complète et mature. Cette compréhension enrichit notre perspective sur la façon dont la foi opère dans la vie d'un croyant, renforçant l'importance de la croyance et de l'obéissance dans la marche chrétienne.

2:23 , et s'accomplit l'Écriture qui dit : « Abraham crut à Dieu, et cela lui fut imputé à justice » – et il fut appelé ami de Dieu.

Jacques souligne l'importance de Genèse 15 : 6 dans la vie d'Abraham, en soulignant qu'il s'est accompli ou est devenu évident lorsqu'Abraham a offert docilement Isaac. Genèse 15 : 6 rapporte la déclaration de Dieu selon laquelle la foi d'Abraham lui était créditée comme justice, marquant un moment charnière dans la relation d'Abraham avec Dieu. Cette déclaration anticipait et préfigurait la volonté d'Abraham d'offrir Isaac en sacrifice dans Genèse 22, un événement qui démontrait de manière éclatante la confiance et l'obéissance inébranlables d'Abraham envers Dieu.

Le sacrifice d'Isaac a clairement mis en évidence ce que Dieu avait dit des années plus tôt à propos de la foi d'Abraham. Les actions d'Abraham au cours de cette épreuve ont révélé la profondeur et l'authenticité de sa foi. Il croyait en la promesse de Dieu concernant une descendance à travers Isaac. Pourtant, il était prêt à obéir même lorsqu'on lui demandait de sacrifier son fils bien-aimé. Cet acte d'obéissance validait et accomplissait la déclaration antérieure de sa justice par la foi (Genèse 15 : 6).

Jacques souligne l'importance du fait que Dieu appelle Abraham son « ami » (2 Chroniques 20 : 7 ; Ésaïe 41 : 8), un titre qui dénote une relation étroite et intime marquée par la confiance et la loyauté. Cette amitié avec Dieu, selon Jacques, n'est pas simplement basée sur une foi salvatrice initiale mais sur une foi obéissante continue. La confiance et l'obéissance constantes d'Abraham tout au long de sa vie ont illustré ce que signifie être l'ami de Dieu – quelqu'un qui croit et démontre cette foi par des actions (Jacques 2 : 21-23).

Jacques oppose la transaction invisible de justification par la foi seule, qui se produit entre un individu et Dieu, avec la manifestation extérieure de la justification par les œuvres, qui est visible pour les autres et solidifie la relation avec Dieu en tant qu'ami intime. Cette distinction s'aligne sur l'enseignement de Jésus selon lequel l'obéissance aux commandements de Dieu est la marque de l'amitié avec Lui (Jean 15 : 14). Ainsi, Jacques utilise l'exemple d'Abraham pour illustrer comment la foi authentique se manifeste par une obéissance fidèle, conduisant finalement à une relation plus profonde et plus intime avec Dieu.

Jacques fait intervenir Abraham dans son argument pour illustrer une distinction cruciale entre la justification par la foi seule et la validation continue de cette foi par les œuvres. La vie d'Abraham constitue un exemple significatif de quelqu'un qui a été déclaré juste par Dieu sur la base de sa foi (Genèse 15 : 6). Pourtant, c'est par des actions ultérieures – en particulier son obéissance au sacrifice d'Isaac (Genèse 22) – que la réalité de sa foi a été démontrée extérieurement.

Jacques utilise Abraham pour montrer que la justification par la foi est une première déclaration de justice devant Dieu. Cette déclaration est basée sur la confiance de chacun dans les promesses et la grâce de Dieu, indépendamment de tout mérite personnel (Romains 4 : 1-5). Cependant, James souligne que la foi authentique n'est pas statique mais dynamique et transformatrice. Comme celle d'Abraham, la vraie foi continue de faire confiance à Dieu et de lui obéir, ce qui se traduit par une vie caractérisée par de bonnes œuvres (Jacques 2 : 22-23).

Pour les lecteurs chrétiens de Jacques, l'exemple d'Abraham encourage et met au défi. Cela les encourage à croire que leur justification initiale par la foi en Dieu est sûre et complète grâce à la grâce de Dieu. Pourtant, cela les met au défi de vivre leur foi au quotidien par des actions obéissantes qui reflètent leur confiance dans la parole de Dieu et dans sa volonté. Ce faisant, comme Abraham, ils peuvent démontrer la réalité de leur foi à travers leurs œuvres, validant ainsi leur justification devant les autres et approfondissant leur relation avec Dieu en tant qu'amis (Jacques 2 : 24-26).

En résumé, Jacques utilise Abraham pour enseigner que si la justification par la foi seule est essentielle au salut, la démonstration continue de cette foi par les œuvres est cruciale pour la maturité spirituelle et une relation dynamique avec Dieu. Cette compréhension s'aligne sur l'enseignement biblique plus large selon lequel la foi authentique produit naturellement de bonnes œuvres comme preuve de son authenticité (Éphésiens 2 : 8-10 ; Tite 3 :8).

2:24 Vous voyez qu'une personne est justifiée par les œuvres et non par la foi seule.

En utilisant le pluriel « vous » dans ce verset, Jacques ne s'adresse plus à l'objecteur hypothétique mais s'adresse directement à ses lecteurs. Cette transition signifie que James a achevé sa réfutation de l'argument de l'objecteur et qu'il renforce désormais son enseignement auprès de son auditoire.

Le terme « œuvres » dans le contexte de Jacques sert à déclarer ou à démontrer la justice. Le verbe grec « est justifié » (dikaioo), au présent de l'indicatif passif, met l'accent sur un processus ou un état en cours dans lequel les œuvres servent de preuve de la réalité interne de la foi. En d'autres termes, les œuvres sont la manifestation extérieure qui témoigne aux autres qu'une personne a véritablement exercé sa foi salvatrice. Cela concorde avec l'affirmation antérieure de Jacques selon laquelle la foi sans les œuvres est morte et ne peut pas démontrer efficacement la présence d'une foi authentique (Jacques 2 : 17).

Jacques reconnaît cependant que tous les croyants ne porteront pas systématiquement du fruit visible dans leur vie (Jacques 2 : 17). Certains qui semblent manifester le fruit d'une foi salvatrice peuvent, avec le temps, se révéler dépourvus de vraie foi. Cela fait écho à la parabole de Jésus sur le blé et l'ivraie (Matthieu 13 : 24-30), où certains qui apparaissent comme du blé (les croyants) sont en réalité de l'ivraie (les incroyants).

En interprétant l'enseignement de Jacques sur la justification, il est important de distinguer son contexte de celui de Paul. Paul aborde le danger de s'appuyer sur les œuvres pour la justification initiale devant Dieu, soulignant que le salut s'obtient par la grâce et par la foi seule (Éphésiens 2 : 8-9). En revanche, Jacques s'inquiète des croyants qui s'excusent de démontrer leur foi par de bonnes œuvres, démontrant ainsi une foi inactive et inefficace dans son témoignage (Jacques 2 : 14).

Concernant la nature de la justification chez Jacques, certains soutiennent qu'elle relève de la justification devant les autres plutôt que d'un contexte salvifique. Cette interprétation suggère que Jacques se préoccupe principalement de la manière dont les croyants démontrent leur foi à travers des œuvres dans un sens visible et pratique plutôt que du concept théologique de justification en termes de salut initial.

Jacques utilise le pluriel « vous » pour souligner que les œuvres sont une preuve externe de la foi interne, démontrant la justice devant les autres. Cette perspective contribue à clarifier l'enseignement de Jacques sur la relation entre la foi et les œuvres, en soulignant l'importance d'une foi active et féconde dans son témoignage envers les autres.

2:25 **Et de même, Rahab, la prostituée, n'était-elle pas aussi justifiée par les œuvres, lorsqu'elle reçut les messagers et les envoya par un autre chemin ?**

L'inclusion par Jacques de Rahab aux côtés d'Abraham dans son argument illustre et renforce son thème concernant la relation entre la foi et les œuvres. Rahab, une femme de Jéricho et ancienne prostituée, est un exemple frappant de personne dont la vie et les actions ont démontré une foi authentique en Dieu.

La foi de Rahab est mise en évidence dans le récit biblique avant même l'arrivée des espions israélites chez elle (Josué 2 :9-13). Elle a reconnu le Dieu d'Israël comme le vrai Dieu. Elle avait confiance en sa promesse de délivrance, ce qui l'a amenée à cacher les espions et à les protéger de leur capture. Par ses actions, Rahab a démontré sa foi dans le plan de Dieu pour les Israélites et sa volonté de s'aligner sur son peuple, au péril de sa vie.

Jacques oppose Rahab à Abraham, soulignant leurs différents antécédents et circonstances. Abraham, patriarche et père des fidèles, a démontré sa foi par l'obéissance, notamment en étant prêt à offrir Isaac en sacrifice en réponse à l'ordre de Dieu (Genèse 22 : 1-19). D'un autre côté, Rahab a montré sa foi par son hospitalité et sa protection envers les espions, ce qui a finalement assuré son salut lors de la conquête de Jéricho.

L'inclusion de Rahab aux côtés d'Abraham met en évidence le point plus large de Jacques selon lequel la foi authentique est attestée par les œuvres. Abraham et Rahab, malgré leurs origines et leurs rôles très différents dans l'histoire biblique, illustrent le principe selon lequel la foi sans les œuvres est morte (Jacques 2 : 26). Leurs histoires soulignent que la vraie foi est active et transformatrice, incitant les croyants à l'obéissance et à des actions qui reflètent leur confiance dans les promesses de Dieu.

L'inclusion de Rahab dans l'argumentation de James illustre l'universalité du principe qui sert à valider la foi. Son exemple, aux côtés de celui d'Abraham, démontre que quelle que soit l'origine ou l'origine de chacun, la foi authentique en Dieu se manifeste par des actions obéissantes et une vie qui reflète la confiance en sa souveraineté et ses promesses.

2:26 **Car, comme le corps sans l'esprit est mort, la foi sans les œuvres est aussi morte.**

James conclut sa discussion sur la foi et travaille avec une analogie puissante : comparer la foi sans les œuvres à un corps sans esprit. Tout comme un corps physique sans esprit est sans vie et inutile, la foi sans les œuvres l'est également. Cette analogie souligne que la foi, pour être efficace et vivante, doit être accompagnée d'actions qui démontrent sa vitalité et sa sincérité.

L'enseignement de Jacques ici ne contredit pas les doctrines de la grâce présentées par Paul ou l'accent mis par Jean sur la foi comme seule condition pour recevoir la vie éternelle. Au contraire, Jacques complète ces enseignements en abordant la mise en œuvre pratique de la foi dans la vie du croyant. Il met en garde contre l'idée selon laquelle une « foi morte » ne peut exister dans la vie d'un chrétien, soulignant que la foi sans actions correspondantes est inactive et, par conséquent, inefficace pour accomplir les desseins de Dieu.

Il est crucial de comprendre que Jacques ne suggère pas qu'une « foi morte » mène à une condamnation éternelle (l'enfer). Au lieu de cela, il souligne les dangers que le manque de travail peut entraîner pour l'expérience chrétienne, y compris les conséquences potentielles du péché dans cette vie. James prône une foi dynamique et active qui professe sa croyance et la démontre par l'obéissance et les bonnes œuvres.

Jacques s'adresse aux croyants riches et pauvres tout au long de son épître , les incitant à examiner l'authenticité de leur foi en évaluant leurs actions. Il ne remet pas en question leur statut de salut et ne propose pas de nouveau plan de salut. Il les encourage plutôt à vivre leur foi de manière tangible qui reflète la justice et l'amour de Dieu.

L'accent mis par Jacques sur la foi et les œuvres constitue un avertissement et un encouragement nécessaire pour que les croyants vivent activement leur foi, sachant que la foi authentique produit une vie transformée par l'obéissance et l'amour pour Dieu et pour les autres.

Le passage de Jacques sur la foi et les œuvres dépend de la compréhension précise de ce qu'il entend par « foi morte ». Il utilise le terme « mort » comme synonyme de « inutile », indiquant que la foi sans les actions qui l'accompagnent ne contribue pas activement à la vie du croyant ou aux desseins du royaume de Dieu. Il est important de noter que Jacques ne suggère pas que quelqu'un avec une foi morte manque complètement de foi ou n'est pas sauvé. Au lieu de cela, il souligne qu'une telle personne possède la foi salvatrice mais ne parvient pas à la vivre pratiquement au quotidien.

Le concept de « justifier » dans le contexte de Jacques signifie déclarer juste, et non rendre juste. Cela correspond à la compréhension théologique selon laquelle la justification se produit au moment du salut, lorsque Dieu déclare un croyant juste sur la base de la foi en Christ, et non par ses propres œuvres. De même, le terme « sauver » (Gr. sozo) englobe l'intégralité du cheminement du croyant, y compris la justification, la sanctification (le processus pour devenir davantage semblable au Christ) et la glorification (être rendu parfait en Christ dans l'éternité).

La préoccupation de Jacques concerne principalement la sanctification progressive – le processus continu permettant de devenir plus saint et plus semblable au Christ dans la vie quotidienne. Il souligne la nécessité des bonnes œuvres non pas pour gagner le salut mais pour démontrer la réalité de sa foi. Selon Jacques, les bonnes œuvres sont une conséquence naturelle et une preuve d'une foi authentique. Ainsi, même si Jacques n'enseigne pas que les bonnes œuvres sont nécessaires au salut initial (justification), il souligne fortement leur importance dans la marche chrétienne continue (sanctification).

En termes pratiques, Jacques prévient que négliger de vivre par la foi – faire confiance à Dieu et lui obéir dans la vie quotidienne – rend la foi inactive ou « inutile ». Cela peut conduire à passer à côté de la plénitude des bénédictions de Dieu et même à faire face aux mesures disciplinaires de Dieu, qui peuvent avoir des conséquences dans cette vie. Par conséquent, Jacques encourage les croyants à exercer continuellement leur foi en alignant leurs actions sur leurs croyances, démontrant ainsi le pouvoir transformateur de la grâce de Dieu dans leur vie.

Pour résumer, l'enseignement de Jacques aux versets 14 à 26 est un appel à une foi active qui a un impact sur la façon dont les croyants vivent au quotidien. C'est un rappel d'éviter toute complaisance et de veiller à ce que la foi ne soit pas simplement théorique mais qu'elle influence activement les choix et les actions de chacun. Cette perspective enrichit notre compréhension de la vie chrétienne. Il met l'accent sur la nature holistique de la foi qui englobe à la fois la croyance et la pratique.

La déclaration de Jésus dans Matthieu 7 :16, 20 : « Vous les reconnaîtrez à leurs fruits » sert de ligne directrice générale pour évaluer les gens plutôt que de formule stricte selon laquelle les œuvres indiquent toujours le statut de salut de quelqu'un. Cette perspective est cruciale car si les œuvres étaient un indicateur infaillible du salut, chaque fois qu'un chrétien péchait, cela impliquerait qu'il n'est pas sauvé. Cependant, les Écritures enseignent que le salut est basé sur la foi dans le sacrifice du Christ et la déclaration de justice de Dieu, et non uniquement sur les bonnes œuvres (Éphésiens 2 :8-9 ; Romains 3 :21-22).

La parabole du blé et de l'ivraie (Matthieu 13 : 24-41) illustre qu'au sein de la communauté chrétienne, il y a à la fois de véritables croyants et d'autres qui peuvent paraître semblables en apparence mais qui manquent de foi authentique. Certains chrétiens peuvent lutter contre le charnel pendant de longues périodes ou faire preuve d'incohérences dans leur marche avec Dieu. Pourtant, leur salut reste assuré grâce à leur foi initiale en Christ et en la grâce de Dieu.

Le message de Jacques s'aligne sur l'appel à vivre sa foi de manière cohérente et pratique. Il souligne que la foi se manifeste par la croyance initiale et par la confiance et l'obéissance quotidiennes continues envers Dieu. Cela implique de démontrer activement sa foi à travers de bonnes œuvres, qui reflètent la vie transformée qui résulte d'une véritable relation avec Christ (Jacques 2 : 18).

Même si les bonnes œuvres sont attendues des croyants comme une conséquence naturelle de la foi (Colossiens 2 :6 ; Tite 3 :8 ; 2 Pierre 1 :5-7), elles ne sont ni automatiques ni inévitables. Ils nécessitent un effort intentionnel et la puissance du Saint-Esprit pour cultiver des vertus telles que l'excellence morale, la maîtrise de soi, la persévérance, la piété, la bonté fraternelle et l'amour. Ces qualités se développent par une foi continue et une obéissance à la Parole de Dieu.

Jacques encourage les croyants à vivre leur foi de manière authentique, non seulement en s'appuyant sur une profession de foi passée, mais en grandissant continuellement dans leur relation avec Dieu et en reflétant son caractère à travers leurs actions. Cette perspective enrichit notre compréhension du discipulat chrétien, en mettant l'accent sur la grâce qui sauve et la transformation continue qui caractérise un véritable disciple du Christ.

Résumé du chapitre 2

Le chapitre 2 du livre de Jacques aborde le thème de la foi et des œuvres, en soulignant le lien entre la foi authentique en Christ et la concrétisation de cette foi par les bonnes œuvres. Voici un résumé détaillé du chapitre 2 de Jacques :

Verset 1-13 : Avertissement contre le favoritisme

Jacques commence par condamner le péché de partialité ou de favoritisme fondé sur des apparences extérieures, telles que la richesse ou le statut. Il illustre cela avec un exemple de la façon dont un homme riche reçoit un traitement spécial par rapport à un homme pauvre lors d'un rassemblement. Jacques rappelle aux croyants que de telles attitudes contredisent la foi en notre glorieux Seigneur Jésus-Christ, qui n'a montré aucune partialité et nous a ordonné d'aimer notre prochain comme nous-mêmes. Il prévient que ceux qui font preuve de favoritisme commettent un péché et sont reconnus coupables de transgression de la loi. Un jugement sans pitié attend ceux qui n'ont fait preuve d'aucune pitié, soulignant l'importance de vivre selon la loi royale de l'amour.

Versets 14-26 : Foi et œuvres

Jacques approfondit ensuite la relation entre la foi et les œuvres, thème central de ce chapitre. Il pose une question rhétorique : « À quoi bon, mes frères et sœurs, si quelqu'un prétend avoir la foi mais n'a aucune action ? (v. 14, NIV). James soutient que la foi authentique, si elle existe, produira naturellement des actions correspondantes. Il donne un exemple : si quelqu'un prétend avoir la foi mais ne montre pas d'amour et de soins concrets envers un frère ou une sœur dans le besoin, sa foi est inutile. La vraie foi est démontrée par les œuvres.

James présente ensuite deux exemples historiques pour illustrer son propos :

Abraham : Il fut justifié par sa foi lorsqu'il obéit à Dieu et offrit Isaac sur l'autel (Genèse 22). Cet acte démontrait l'authenticité de sa foi. Cela accomplissait l'Écriture qui dit : « Abraham crut à Dieu, et cela lui fut imputé à justice » (v. 23).

Rahab : La prostituée de Jéricho qui, par la foi, accueillit les espions et les aida à s'enfuir (Josué 2). Ses actions ont montré sa foi et ont permis son salut ainsi que celui de sa famille.

Jacques conclut que la foi sans les œuvres est morte, soulignant que la vraie foi est active et productive. Il oppose à cela une objection hypothétique : « Vous avez la foi, moi, j'ai les œuvres » (v. 18). Il réplique en déclarant que la foi et les actes ne peuvent être séparés ; la vraie foi mène naturellement aux actes, et les actes affirment l'authenticité de la foi.

Thèmes et leçons clés

Favorisisme et amour : Jacques souligne l'importance de l'impartialité et de l'amour dans la conduite chrétienne. Faire preuve de favoritisme contredit le commandement d'aimer son prochain et révèle un manque de foi authentique.

Foi et œuvres : Jacques précise que même si le salut passe par la foi seule, la vraie foi n'est jamais seule : elle est accompagnée d'œuvres qui démontrent sa réalité. Les œuvres ne sont pas le moyen du salut mais la preuve de celui-ci.

Exemples de foi : Abraham et Rahab illustrent comment une foi authentique mène à des actions obéissantes. Leurs vies mettent en évidence que la foi est plus qu'un assentiment intellectuel ; cela implique une confiance en Dieu qui se traduit par des réponses obéissantes à ses commandements.

La nature de la foi : Jacques met les croyants au défi d'examiner leur foi. La vraie foi transforme les vies et se manifeste par la justice et la compassion envers les autres.

Le chapitre 2 de Jacques fournit un fondement théologique solide pour la relation entre la foi et les œuvres, soulignant l'inséparabilité de la foi authentique de son expression extérieure à travers les actions justes et l'amour des autres. Il appelle les croyants à vivre leur foi de manière authentique, en veillant à ce qu'ils reflètent la puissance transformatrice de l'Évangile dans tous ses aspects.

Chapitre 2 Prière

Dieu,

Nous venons devant Toi humblement, reconnaissant Ta souveraineté et Ta bonté. Merci pour la sagesse que vous transmettez à travers votre Parole, en particulier à travers le chapitre 2 de Jacques. Aide-nous, Seigneur, à appliquer ces enseignements dans notre vie quotidienne.

Pardonnez-nous, Père, pour les fois où nous avons fait preuve de favoritisme ou de partialité fondés sur les apparences extérieures. Aide-nous à voir les autres comme Tu les vois, avec amour et compassion, quel que soit leur statut ou leur origine. Puissions-nous toujours nous rappeler que votre royaume valorise l'humilité et l'amour par-dessus tout.

Seigneur, fortifie notre foi. Apprends-nous que la vraie foi n'est pas simplement une profession de foi mais une confiance vivante et active en Toi qui aboutit à l'obéissance et aux bonnes œuvres. Puisse notre foi être évidente dans nos actions alors que nous cherchons à servir et à aimer les autres de manière sacrificielle, tout comme Jésus l'a fait.

Accorde-nous la sagesse, Saint-Esprit, de discerner les occasions de faire preuve de gentillesse, de miséricorde et de compassion envers ceux qui en ont besoin. Aide-nous à être des acteurs de la Parole et non seulement des auditeurs, afin que notre foi soit vivante et efficace pour transformer les vies et les communautés.

Seigneur, nous élevons ceux qui luttent contre le doute ou qui font face à des épreuves de foi. Fortifie leur cœur, ô Dieu, et rappelle-leur ta fidélité et tes promesses. Aide-les à persévérer, sachant qu'ils hériteront de tes promesses par la foi et la patience.

Père, que nos vies soient le reflet de ta grâce et de ta miséricorde. Que nos paroles et nos actes te glorifient et rapprochent les autres de ton royaume. Utilisez-nous comme instruments de votre paix et agents de votre amour dans un monde qui a désespérément besoin de votre lumière.

Nous prions toutes ces choses au nom de Jésus-Christ, notre Seigneur et Sauveur.

Amen.

Questions du chapitre 2

Contre quoi Jacques met-il en garde dans le chapitre 2 ?

Selon Jacques, comment les chrétiens devraient-ils traiter les riches et les pauvres ?

Quelle analogie Jacques utilise-t-il pour illustrer son propos sur la foi et les œuvres ?

Comment Jacques décrit-il la foi sans les œuvres ?

Quelle figure de l'Ancien Testament Jacques utilise-t-il pour illustrer la foi démontrée à travers les œuvres ?

Qui d'autre Jacques utilise-t-il comme exemple de foi manifestée à travers les œuvres ?

Que soutient Jacques à propos de la foi et des œuvres ?

Comment Jacques répond-il à quelqu'un qui prétend avoir la foi mais qui n'a pas les œuvres ?

Selon Jacques, quel est le lien entre la foi et les œuvres ?

Que dit Jacques sur l'importance d'obéir à toute la loi ?

Qu'enseigne Jacques sur la miséricorde et le jugement ?

Comment Jacques défie-t-il ses lecteurs concernant leur foi ?

Quel exemple Jacques utilise-t-il pour souligner le point concernant la foi et les œuvres ?

Selon Jacques, quel genre de foi les démons ont-ils ?

Comment Jacques décrit-il la loi de la liberté ?

Que dit Jacques à propos de la foi qui manque d'œuvres ?

Que veut dire Jacques par être justifié par les œuvres ?

Selon Jacques, comment les croyants devraient-ils traiter ceux qui viennent dans leur assemblée ?

Quel est le principal message que Jacques veut que ses lecteurs comprennent à propos de la foi et des œuvres ?

Comment Jacques conclut-il sa discussion sur la foi et les œuvres ?

Jacques chapitre 3 : 1-18

Apprivoiser la langue

James souligne le rôle essentiel de nos paroles dans nos œuvres, soulignant comment notre discours peut révéler une partialité. Il fournit des conseils pour aider les croyants à aligner leurs paroles sur la volonté de Dieu. Concernant la foi et l'obéissance, il met en garde contre l'idée fausse selon laquelle la foi seule, sans actions correspondantes, suffit. Historiquement, lorsque cette croyance s'implante, elle favorise une augmentation du nombre d'enseignants et de prédicateurs autoproclamés au sein de l'Église, cherchant à propager leurs interprétations en dehors de l'obéissance totale à la parole de Dieu (Jacques 2 : 2-3).

Jacques se concentre sur l'usage abusif de la langue dans le culte chrétien, l'enseignement et la vie de l'Église, faisant écho aux préoccupations trouvées dans d'autres passages bibliques (cf. 1 Corinthiens 12 : 3 ; 14 : 27-39). Passant de la question de la foi vaine, James passe à la discussion des dangers du discours vain.

Jacques emploie un style rhétorique qui revient au thème du discours, abordé précédemment dans 1 :19 et 1 :26, soulignant l'importance cruciale de contrôler sa langue (Jacques 3 :2). Ce chapitre aborde également la tendance à donner la priorité à la théorie sur la pratique, un thème lié à ses enseignements antérieurs (Jacques 2 : 14-26).

James adresse son message particulièrement aux dirigeants de l'Église, les exhortant à exploiter le pouvoir de leurs paroles pour orienter et guider le cours de la vie et de la mission de l'Église. Il utilise des images saisissantes, comparant la langue au mors dans la bouche d'un cheval qui contrôle sa direction (Jacques 3 : 3) et au gouvernail d'un navire qui détermine sa route (Jacques 3 : 4). Ces analogies mettent en évidence l'influence significative de la parole sur la formation de la communauté et de la mission de l'Église.

3:1 Peu d'entre vous devraient devenir enseignants, mes frères, car vous savez que nous qui enseignons serons jugés avec plus de rigueur.

Dans son style caractéristique, Jacques introduit un nouveau sujet avec une directive, comme on l'a vu dans les chapitres précédents (cf. Jacques 1 :2 ; 2 :1). Alors que chaque chrétien est appelé à partager et à transmettre la Parole de Dieu (Matthieu 28 :19 ; Hébreux 5 :12), Jacques s'adresse spécifiquement à ceux qui aspirent à devenir des enseignants formels au sein de l'Église. Ce rôle lui a valu un honneur et une influence considérables à son époque, semblable à celui des rabbins vénérés de la tradition juive (Matthieu 23 : 8).

James met en garde contre le fait d'aspirer à enseigner sans qualifications appropriées ou sans motivations valables, à l'instar de certains membres de son auditoire qui recherchaient du prestige ou d'autres objectifs indignes à travers des rôles d'enseignant. Il laisse entendre que ceux qui enseignent seront confrontés à un jugement plus strict, à la fois de la part de leurs auditeurs et, en fin de compte, de la part de Dieu, dans la mesure où ils prétendent connaître et vivre selon la vérité (Jacques 3 : 1).

Reconnaissant la nécessité des enseignants tout en mettant en garde contre l'incompétence, James ne dénonce pas l'enseignement lui-même. Il appelle néanmoins à la retenue et à la réserve avant d'assumer un tel rôle. Il souligne le péril de l'orgueil spirituel et intellectuel qui accompagne la fonction d'enseignant, mettant en garde contre le fait de devenir présomptueux ou « Seigneur Oracle » dans la transmission de l'instruction spirituelle (Jacques 3 : 1-2).

3:2 Car nous trébuchons tous de plusieurs manières. Et si quelqu'un ne trébuche pas dans ce qu'il dit, c'est un homme parfait, capable de retenir tout son corps en bride.

Jacques souligne le défi que représente le contrôle de la langue, soulignant sa propension à provoquer des erreurs significatives ou des « trébuchements » dans le discours (Jacques 3 : 2). Il compare la langue à un membre petit mais puissant du corps, notoirement difficile à apprivoiser (Jacques 3 : 5-12). Malgré tous nos efforts, seul Jésus-Christ maîtrise parfaitement le contrôle de la parole.

Selon James, la maturité spirituelle repose sur la maîtrise de la langue, un thème repris dans d'autres enseignements bibliques comme dans Tite 1 : 11. La langue, bien que petite, comporte un grand potentiel de bien et de mal. Jacques suggère que, quels que soient les autres péchés, chacun a du mal à contrôler son discours (Jacques 3 : 8).

James souligne l'importance de faire preuve de discipline dans nos paroles, reconnaissant que la maîtrise de soi joue un rôle central dans notre croissance et notre maturité spirituelles.

3:3 Si nous mettons des mors dans la bouche des chevaux pour qu'ils nous obéissent, nous dirigeons aussi tout leur corps.

Jacques fait un parallèle entre la langue et la bride d'un cheval, illustrant que, tout comme un petit morceau dans la bouche d'un cheval dirige tout son corps, le contrôle de la langue peut également gouverner tout son être (Jacques 3 : 3-5). Il souligne l'impact significatif de la parole sur nos vies, soulignant comment la maîtrise de la langue nous permet d'exercer un contrôle sur nos actions et nos comportements.

Les images de Jacques mettent en évidence un point d'achoppement courant pour les croyants : la langue indisciplinée. Si rien n'est fait, cet organe petit mais puissant peut conduire à des pièges et à des défis importants dans notre voyage spirituel (Jacques 3 : 6).

Jacques encourage les croyants à reconnaître le pouvoir de leurs paroles et l'importance de la retenue dans leur discours. Ce faisant, ils font preuve de maturité et d'autodiscipline et gouvernent efficacement leur vie d'une manière qui honore Dieu et favorise l'unité au sein de la communauté de foi.

3:4 Regardez aussi les navires : bien qu'ils soient si grands et poussés par des vents violents, ils sont guidés par un très petit gouvernail partout où la volonté du pilote les dirige.

Jacques illustre en outre le pouvoir de la langue en la comparant au petit gouvernail d'un navire qui, malgré sa taille, dirige le navire tout entier même face à des vents violents (Jacques 3 : 4). Ayant probablement observé de nombreux navires sur la mer de Galilée et peut-être sur la mer Méditerranée, James utilise ces images saisissantes pour souligner comment quelque chose d'apparemment insignifiant – un gouvernail – peut exercer une influence significative sur la trajectoire d'un navire.

De la même manière, James suggère que nos langues, bien que de petite taille physique, exercent une influence considérable sur nos vies et nos interactions. Lorsque notre discours est contrôlé et dirigé avec sagesse, il peut nous guider dans des circonstances difficiles et nous aider à surmonter les obstacles qui pourraient autrement conduire à la discorde ou au mal (Jacques 3 : 5-6).

Cette analogie met en évidence le message plus large de James sur la maîtrise de notre discours pour l'intégrité personnelle, l'harmonie relationnelle et la maturité spirituelle. En faisant preuve de retenue et de sagesse dans nos paroles, nous pouvons efficacement orienter notre vie en conformité avec la volonté et le dessein de Dieu.

3:5 De même, la langue est un petit membre, et pourtant elle se vante de grandes choses. Comme une forêt est grande et embrasée par un si petit incendie !

Jacques continue de souligner l'impact disproportionné de la langue malgré sa petite taille, en s'appuyant sur deux illustrations antérieures – le mors dans la gueule d'un cheval et le gouvernail d'un navire – pour souligner son pouvoir de direction et d'influence (Jacques 3 : 3-4). . Plutôt que d'interpréter le verset 5a comme une déclaration sur des affirmations prétentieuses, Jacques met l'accent sur le pouvoir pratique de la parole pour façonner les résultats et les relations.

Il compare la langue à une étincelle qui peut allumer un grand feu de forêt (Jacques 3 : 5-6). Cette analogie illustre de manière frappante le caractère destructeur potentiel d'une parole incontrôlée. Tout comme une petite étincelle peut enflammer une vaste étendue de forêt, la langue, bien que physiquement petite, possède un immense pouvoir de nuire si elle n'est pas soigneusement gérée.

Les images de James soulignent l'importance de faire preuve de prudence et de sagesse dans notre discours. Malgré sa taille, la langue peut exercer une influence significative, à des fins constructives ou destructrices. En reconnaissant son impact potentiel, les croyants sont encouragés à exploiter leurs paroles pour l'édification, la paix et la gloire de Dieu plutôt que de leur permettre d'alimenter les conflits ou les dommages au sein de leurs communautés (Jacques 3 : 7-8).

3:6 Et la langue est un feu, un monde d'injustice. La langue est placée parmi nos membres, souillant tout le corps, enflammant tout le cours de la vie et enflammée par l'enfer.

Jacques décrit de manière vivante la langue comme une force puissante semblable au feu, capable de déclencher un « monde d'injustice » (Jacques 3 : 6). Cette métaphore met en évidence le pouvoir et la nature perverse de la parole incontrôlée. Selon Jacques, la langue devient un canal par lequel s'expriment toutes sortes de caractéristiques perverses inhérentes à l'humanité déchue – telles que la convoitise, l'idolâtrie, le blasphème, la luxure et l'avidité (Jacques 3 : 6).

Du point de vue de Jacques, la langue agit comme un vaste système d'iniquité, capable de propager des influences destructrices comme un feu se propageant de manière incontrôlable (Jacques 3 : 6). Il le décrit comme une porte par laquelle les influences de l'enfer peuvent pénétrer et enflammer tous les aspects de la vie qu'il touche (Jacques 3 : 6).

Il est intéressant de noter que Jacques emploie le terme « enfer » (grec : Géhenne) en dehors des Évangiles synoptiques, soulignant l'impact généralisé d'une parole incontrôlée sur la vie des individus et éventuellement sur la communauté des croyants (Jacques 3 : 6). En décrivant la langue dans des termes aussi brutaux, Jacques exhorte les croyants à faire preuve de vigilance et de discipline dans leur discours, reconnaissant son potentiel soit à édifier et à bénir, soit à corrompre et détruire.

3:7 Car toute espèce de bêtes et d'oiseaux, de reptiles et d'animaux marins, peut être apprivoisée et a été apprivoisée par l'homme,

Historiquement, les humains ont démontré leur capacité à contrôler diverses formes de vie animale. Qu'il s'agisse d'apprendre aux lions, aux tigres et aux singes à réaliser des tours comme sauter à travers des cerceaux, à entraîner des perroquets et des canaris à parler et à chanter, et même à charmer des serpents ou à enseigner aux dauphins et aux baleines l'exécution de tâches spécifiques, ces exploits mettent en valeur les prouesses de l'humanité en matière de dressage et de manipulation des animaux (Jacques 3 :7).

Le monde antique était fier de ces capacités, les considérant comme un témoignage de la domination humaine sur le règne animal. Le mot grec utilisé par Jacques, souvent traduit par « apprivoisé », pourrait être plus précisément rendu par « soumis ». Cette distinction implique que même si les humains ont réussi à contrôler de nombreux animaux, tous n'ont pas été domestiqués dans le sens de devenir totalement apprivoisés ou soumis à l'autorité humaine (Jacques 3 : 7).

James s'appuie sur cette analogie pour souligner la nature paradoxale de la langue. Malgré la capacité de l'humanité à contrôler et à manipuler les animaux, la langue reste un formidable défi à contrôler en nous-mêmes (Jacques 3 : 8). Cette comparaison met en évidence l'importance de maîtriser son discours, en reconnaissant son potentiel à apporter l'harmonie et la bénédiction ou la discorde et le mal dans nos interactions et nos relations.

3:8, mais aucun être humain ne peut apprivoiser la langue. C'est un mal agité, plein de poison mortel.

Jacques souligne le défi important que représente le contrôle de la langue, notant qu'aucun être humain, sans l'aide du Saint-Esprit, n'a jamais été capable de la maîtriser ou de l'apprivoiser complètement (Jacques 3 : 8). Il compare le danger de la langue à celui des animaux mortels et venimeux, soulignant son activité incessante et son potentiel destructeur par les seuls mots (Jacques 3 : 8).

Comme le feu et les animaux sauvages, la langue possède le pouvoir de causer la destruction et le mal (Jacques 3 : 5-6). Jacques le souligne en établissant des parallèles entre ces éléments, en soulignant leur capacité à faire des ravages s'ils ne sont pas correctement gérés ou maîtrisés (Jacques 3 : 5).

Cette perspective s'aligne sur la sagesse biblique trouvée dans des passages tels que le Psaume 62 : 4, qui reconnaît le pouvoir de la parole de nuire et de détruire. Les enseignements de Jacques exhortent donc les croyants à s'appuyer sur la direction du Saint-Esprit pour contrôler leur discours, reconnaissant son potentiel de construction ou de destruction, selon la manière dont il est utilisé (Jacques 3 : 9-12).

3:9 Par elle, nous bénissons notre Seigneur et Père, et par elle nous maudissons les hommes qui sont faits à l'image de Dieu.

Jacques souligne l'incohérence d'utiliser nos paroles à la fois pour honorer Dieu et pour déshonorer nos semblables, qui sont créés à l'image de Dieu (Genèse 1 : 27). Cette double approche contredit la vérité fondamentale selon laquelle tous les hommes reflètent l'image divine et méritent donc respect et honneur dans notre discours (Jacques 3 : 9).

La leçon importante de Jacques est que lorsque nous maudissons ou disons du mal de quelqu'un créé à l'image de Dieu, nous maudissons et manquons de respect indirectement à Dieu, le prototype ultime de l'image de l'humanité (Jacques 3 : 9).

Dans la tradition juive, bénir Dieu est considéré comme un acte sacré, illustré par des rituels tels que la récitation des dix-huit bénédictions, qui se terminent par des affirmations de la bénédiction de Dieu (Jacques 3 : 9). De même, les Juifs ajoutaient traditionnellement « Béni soit-Il » à chaque mention du nom de Dieu dans la parole et l'écriture, reflétant une profonde révérence et un profond respect (Jacques 3 : 9).

L'exhortation de Jacques met les croyants au défi d'aligner leur discours sur cette révérence et ce respect, en reconnaissant l'image divine en chaque personne et en honorant Dieu par la manière dont ils parlent des autres et avec eux (Jacques 3 : 10-12). Cette approche favorise l'unité, le respect et la dignité au sein de la communauté de foi, reflétant le caractère de Dieu et son désir que nous nous aimions les uns les autres comme il nous aime.

3:10 De la même bouche sortent la bénédiction et la malédiction. Mes frères, ces choses ne devraient pas être ainsi.

Jacques condamne l'incohérence selon laquelle les bénédictions pour Dieu et les malédictions envers les autres émanent de la même bouche, notant que cela va à l'encontre à la fois de la volonté de Dieu et de l'ordre naturel des choses (Jacques 3 : 10). Bien que les croyants possèdent la capacité, grâce au Saint-Esprit qui les habite, de contrôler leur langue, ils ne peuvent pas toujours exploiter efficacement cette capacité (Jacques 3 : 8).

Jacques insiste sur l'application pratique de la foi dans la vie quotidienne. Il avertit ceux qui louent Dieu dans l'adoration mais qui parlent de manière nuisible ailleurs, ordonnant la purification de la parole tout au long de la semaine (Jacques 3 : 9). Il défie ceux qui excusent les propos excessifs ou les habitudes de parole nuisibles, en soulignant la nécessité de discipline et de maîtrise de soi dans le discours (Jacques 3 : 10-11).

Pour Jacques, la foi authentique est transformatrice, ayant un impact non seulement sur les croyances mais aussi sur les comportements, y compris les habitudes de parole (Jacques 3 : 12). Il attend des chrétiens qu'ils recherchent la grâce divine pour cultiver un discours sain, en rejetant les habitudes corrompues telles que les commérages, les insultes, le ridicule et le sarcasme au sein des communautés ecclésiales (Jacques 3 : 13).

Jacques aborde les implications plus larges du discours dans le cadre de l'Église, mettant en garde contre les disputes colériques et les calomnies qui peuvent surgir dans les conflits internes (Jacques 4 :1-2, 11-12). Il souligne l'importance d'une parole qui édifie plutôt que de démolir, reflétant une vie transformée alignée sur la volonté de Dieu et caractérisée par l'amour et le respect des autres (Jacques 3 : 13).

Les enseignements de Jacques appellent les croyants à aligner leurs paroles sur leur foi, reconnaissant que la véritable connaissance de Dieu se manifeste dans des vies transformées et dans un discours qui l'honore et édifie les autres.

3:11 Une source jaillit-elle de la même ouverture, de l'eau douce et de l'eau salée ? 3:12 Un figuier, mes frères, peut-il produire des olives, ou une vigne produire des figues ? Un étang salé ne peut pas non plus produire d'eau douce.

Jacques utilise des illustrations puissantes pour mettre en évidence l'incohérence inhérente au discours humain (Jacques 3 : 11-12), établissant des parallèles avec des phénomènes naturels qui ne produisent qu'un seul type de résultat :

Source ou fontaine : Tout comme une source ou une fontaine produit de l'eau fraîche ou amère, mais pas les deux, la langue peut produire soit des paroles qui édifient, soit des paroles qui démolissent (Jacques 3 : 11).

Figuier : De même, un figuier produit naturellement des fruits de sa propre espèce : les figues. De même, la langue, influencée par la nature humaine, a tendance à produire des mots qui reflètent l'état du cœur et de l'esprit (Jacques 3 : 12).

Jacques souligne la nécessité de contrôler la langue en raison de sa nature petite mais influente (Jacques 3 : 5). Il souligne le danger de laisser la langue agir sans contrôle, comparant son potentiel à celui d'une force satanique et contagieuse qui peut corrompre les relations et les communautés (Jacques 3 : 6-8). C'est pourquoi il appelle à la discipline et à la purification du discours, reconnaissant sa tendance à être incohérent et parfois nuisible (Jacques 3 : 10-12).

Contrairement aux enseignements superficiels et hypocrites de certains chefs religieux, Jacques aborde les causes profondes du comportement humain et la nécessité d'une véritable transformation par l'influence sanctifiante du Saint-Esprit (Jacques 3 : 13). Il exhorte les croyants à aligner leur discours sur leur foi, reflétant un cœur renouvelé et guidé par la sagesse et l'amour de Dieu.

La sagesse d'en haut

3:13 Qui parmi vous est sage et intelligent ? Par sa bonne conduite, qu'il montre ses œuvres dans la douceur de la sagesse.

Jacques progresse dans sa discussion sur la parole humaine en reliant la sagesse au contrôle de la langue, en mettant l'accent sur les applications pratiques qui s'alignent sur la perspective de Dieu et favorisent la paix (Jacques 3 : 13-18). Il commence par souligner les qualifications d'un enseignant, en soulignant l'importance de la sagesse et de la compréhension découlant de la vision de la vie à travers le prisme de Dieu (Jacques 3 : 1).

Au cœur de l'enseignement de Jacques se trouve le concept selon lequel la sagesse se manifeste non seulement dans les prouesses intellectuelles ou l'acuité verbale, mais principalement dans les actions et le comportement de chacun (Jacques 3 : 13). Il s'appuie sur la littérature de sagesse de l'Ancien Testament, suggérant que la véritable sagesse est discernable à travers la conduite d'une personne et l'humilité avec laquelle elle se soumet à l'autorité divine (Jacques 3 : 13).

Jacques utilise le mot grec « prauteti » (douceur ou douceur) pour illustrer les caractéristiques d'une personne sage – un trait comparé à un cheval dressé tenu par une bride, symbolisant la force tempérée par l'humilité et la soumission au Saint-Esprit (Jacques 3 : 13).). Cette humilité reflète un choix délibéré de placer son esprit sous l'autorité de Dieu, lui permettant de guider et de contrôler ses pensées et ses paroles (Jacques 3 :13 ; Matthieu 11 :27 ; 2 Corinthiens 10 :1).

Contrairement aux enseignements orgueilleux et controversés des dirigeants autoproclamés, Jacques souligne l'importance de l'humilité et de la douceur, en particulier pour ceux qui enseignent au sein de l'Église (Jacques 3 : 14-16). Il met en garde contre les pièges de l'orgueil intellectuel, exhortant les enseignants et les prédicateurs à maintenir l'humilité et l'intégrité morale dans leur ministère (Jacques 3 : 15-16).

En fin de compte, le concept de sagesse de Jacques est profondément enraciné dans l'intégrité morale et la justice pratique, mettant l'accent sur la transformation du cœur et de l'esprit sous la direction de la sagesse de Dieu plutôt que sur de simples prouesses intellectuelles ou éloquentes (Jacques 3 : 17-18). Il encourage les croyants, en particulier ceux qui occupent des postes de direction, à faire preuve d'humilité et de douceur dans leur discours et leur conduite, reflétant la sagesse de Dieu et promouvant la paix au sein de la communauté ecclésiale (Jacques 3 : 17-18).

3:14 Mais si vous avez dans votre cœur une jalousie amère et une ambition égoïste, ne vous vantez pas et ne mentez pas à la vérité.

Jacques met fortement en garde contre le fait de permettre « une jalousie amère et une ambition égoïste » de s'enraciner dans le cœur d'un enseignant, car ces motivations conduisent à des discours et à des actions nuisibles (Jacques 3 : 14). Il décrit « l'envie amère » comme une caractéristique aiguë et piquante semblable à l'eau amère d'une source, soulignant sa nature corrosive (Jacques 3 : 14). L'envie (zelos) désigne ici un désir zélé ou jaloux qui peut conduire à des conflits et à des divisions au sein de la communauté (Jacques 3 : 16).

Le terme « recherche de soi » (eritheia) met en évidence une attitude de division, souvent traduite par « conflit » ou « factionnalisme », indiquant une poursuite égoïste d'intérêts personnels aux dépens de l'unité et de la vérité (Jacques 3 :14). Ce comportement, motivé par la nature humaine pécheresse, favorise une mentalité de division « nous contre eux », contrairement à l'esprit d'humilité et d'altruisme qui devrait caractériser l'enseignement et le leadership chrétiens (Jacques 3 : 16).

Jacques associe ces attitudes à l'arrogance et à la vantardise (katakauchaomai), qui favorisent l'intérêt personnel plutôt que la vérité que les enseignants sont chargés de communiquer (Jacques 3 : 14). Lorsque les enseignants succombent à ces tentations, ils peuvent déformer ou enseigner des mensonges (pseudomai) qui contredisent le message de l'Évangile et la vérité de Dieu (Jacques 3 : 14).

Pour James, l'humilité est essentielle à la vraie sagesse et à un enseignement efficace. Il critique ceux qui se vantent de leur sagesse sans vivre humblement, affirmant qu'une telle arrogance est incompatible avec les voies de Dieu (Jacques 3 : 14). Cet appel à l'humilité s'applique universellement, mettant au défi les chrétiens et les non-chrétiens d'adopter un état d'esprit qui donne la priorité à la vérité, à l'unité et au bien-être des autres plutôt qu'aux agendas personnels ou aux ambitions égoïstes (Jacques 3 : 14).

En résumé, Jacques exhorte les enseignants et tous les croyants à cultiver l'humilité, à rejeter les ambitions égoïstes et à promouvoir l'unité et la vérité dans leurs discours et leurs actions, reflétant ainsi la sagesse et l'amour de Dieu dans leur vie.

3:15 Ce n'est pas la sagesse qui descend d'en haut mais qui est terrestre, non spirituelle, démoniaque.

Jacques critique un type de « sagesse » enracinée dans la jalousie et l'ambition égoïste, affirmant qu'elle ne provient pas de la crainte du Seigneur (Jacques 3 : 15). Au lieu de cela, ce type de sagesse s'aligne sur les aspects terrestres et naturels du monde, dépourvus de l'influence surnaturelle de l'Esprit de Dieu (Jacques 3 : 15). Jacques va jusqu'à le qualifier de « démoniaque », le comparant aux caractéristiques trompeuses, hypocrites et mauvaises associées à l'influence démoniaque (Jacques 3 : 15).

La distinction établie par Jacques met en évidence le contraste entre la sagesse du monde, qui donne la priorité au gain personnel et à l'ambition, et la vraie sagesse qui naît du respect et de l'obéissance à Dieu (Jacques 3 : 15). Cette sagesse du monde reflète les ennemis spirituels de l'humanité – à savoir le monde (terrestre), la chair (naturelle) et le diable (démoniaque) – qui s'opposent à la vérité de Dieu et éloignent les individus de la foi et de la justice authentiques (Jacques 3 :15). .

James souligne que la vraie sagesse n'est pas seulement académique ou intellectuelle ; cela se manifeste par des actes et des actions justes qui reflètent une vie transformée par la vérité de Dieu (Jacques 3 : 16). Il met les croyants au défi de rechercher une sagesse qui transcende les normes du monde, en se concentrant plutôt sur l'application de la vérité de Dieu à tous les aspects de la vie, incarnant ainsi une foi et une obéissance authentiques (Jacques 3 : 16).

L'enseignement de Jacques souligne l'importance de discerner entre la sagesse du monde motivée par une ambition égoïste et la vraie sagesse qui émane d'une crainte respectueuse du Seigneur et s'aligne sur ses principes divins. Il appelle les croyants à rechercher la sagesse qui mène à la justice et reflète quotidiennement le caractère de Dieu.

3:16 Car là où existent la jalousie et l'ambition égoïste, il y aura du désordre et toutes sortes de pratiques viles.

Jacques souligne que Dieu, dans sa nature et son caractère, représente l'ordre et la paix, et non le désordre ou l'agitation (Jacques 3 :16 ; 1 Corinthiens 14 :33). Cela contraste fortement avec la présence de « jalousie et d'ambition égoïste », que Jacques identifie comme des caractéristiques qui ne correspondent pas à la sagesse fournie par Dieu (Jacques 3 : 16).

Le terme « désordre » (Gr. akatastasia) désigne un état de confusion, de tumulte ou d'instabilité, qui est antithétique à la nature de Dieu en tant que source d'ordre et de paix, reflétée dans Sa création (Genèse 1) et Sa gouvernance sur l'univers (1 Corinthiens 14 :33). Dieu s'oppose à « toute chose mauvaise » (1 Jean 1 : 5), y compris les influences de division et destructrices de la jalousie et de l'ambition égoïste (Jacques 3 : 16).

Jacques met en garde en outre contre l'impact néfaste des individus qui, malgré leur perspicacité intellectuelle et leur éloquence, sèment la discorde et les conflits au sein des communautés et des églises (Jacques 3 : 16). Un tel comportement , motivé par une sagesse mondaine enracinée dans l'intérêt personnel et l'orgueil, est décrit comme « diabolique » plutôt que divin, s'alignant davantage sur les intentions destructrices de Satan que sur l'œuvre rédemptrice de Dieu (Jacques 3 : 16).

Ainsi, Jacques souligne l'importance de discerner la sagesse qui favorise l'unité, la paix et la justice – des attributs qui reflètent le caractère de Dieu – et la sagesse qui favorise la division, les conflits et l'ambition égoïste. Les croyants sont appelés à rechercher et à incarner la sagesse qui découle d'un cœur transformé par la vérité de Dieu et caractérisé par l'humilité, l'amour et un engagement envers les desseins de Dieu (Jacques 3 : 16).

3:17 Mais la sagesse d'en haut est pure, puis paisible, douce, ouverte à la raison, pleine de miséricorde et de bons fruits, impartiale et sincère.

« La sagesse d'en haut », telle que décrite par Jacques, incarne plusieurs caractéristiques essentielles qui la distinguent de la sagesse du monde et reflètent son origine divine. Jacques décrit ces qualités pour illustrer comment la vraie sagesse s'aligne sur la nature de Dieu et favorise une justice et une paix authentiques au sein des croyants et des communautés.

Premièrement, cette sagesse est « pure » (Gr. hagnos), ce qui indique qu'elle est exempte de souillure morale ou d'impureté (Jacques 3 : 17). Cela contraste fortement avec les ambitions égoïstes et les jalousies qui caractérisent la sagesse du monde (Jacques 3 : 16).

Deuxièmement, la sagesse d'en haut est « aimant la paix » (Gr. eirenikos) ; il recherche l'harmonie et l'unité plutôt que de provoquer des conflits ou des divisions (Jacques 3 : 17). Cela correspond au désir de Dieu que son peuple vive en paix les uns avec les autres et favorise la réconciliation (Matthieu 5 : 9).

Troisièmement, il est « doux » (Gr. epiekes), démontrant une attitude attentionnée et bienveillante envers les autres, évitant la dureté ou la rigidité (Jacques 3 : 17). Cette douceur reflète la nature compatissante et patiente de Dieu lui-même (Psaume 145 : 8).

Quatrièmement, cette sagesse est « raisonnable » (Gr. eupeithes), ce qui indique son ouverture à la raison et sa volonté de céder à la sagesse et à la vérité (Jacques 3 : 17). Il n'insiste pas obstinément sur sa propre voie, mais il est humble et enseignable.

Cinquièmement, il est « plein de miséricorde » (Gr. eleos), faisant activement preuve de compassion et de pardon envers les autres de manière pratique (Jacques 3 : 17). Cela reflète l'abondante miséricorde de Dieu envers l'humanité et encourage les croyants à étendre leur grâce aux autres (Éphésiens 2 : 4).

Sixièmement, il est « plein de bons fruits » (Gr. karpos), produisant des œuvres de justice et des actes de bonté qui profitent aux autres (Jacques 3 : 17). Cela met l'accent sur la réalisation pratique de la foi et de l'amour dans la vie des croyants (Galates 5 : 22-23).

Septièmement, il est « impartial » (Gr. adiakritos), cohérent et juste dans son traitement envers les autres, sans favoritisme ni préjugés (Jacques 3 : 17). Cela reflète la justice et l'impartialité de Dieu dans ses relations avec tous (Romains 2 : 11).

Enfin, cette sagesse est « sans hypocrisie » (Gr. anupokritos), authentique et sincère dans ses motivations et ses actions, transparente et fidèle à ses croyances professées (Jacques 3 : 17). Il appelle les croyants à vivre de manière authentique et honnête devant Dieu et les autres (1 Pierre 1 : 22).

Jacques présente « la sagesse d'en haut » comme une force transformatrice qui façonne les attitudes, les actions et les relations des croyants selon les normes divines de pureté, de paix, de compassion, d'équité et de sincérité de Dieu. Cela contraste fortement avec la sagesse égocentrique, conflictuelle et hypocrite du monde, appelant les chrétiens à rechercher et à incarner la sagesse de Dieu dans tous les aspects de la vie.

3:18 Et une moisson de justice est semée dans la paix par ceux qui font la paix.

James souligne l'importance significative de la parole, en particulier pour ceux qui s'engagent à diffuser la Parole de Dieu et à favoriser la paix au sein des communautés. Il enseigne que ceux qui cherchent à cultiver la justice doivent le faire par des moyens pacifiques, en évitant les paroles et les actions qui provoquent des conflits ou des divisions (Jacques 3 : 18).

Le terme « justice » englobe ici tout ce qui est juste et bon aux yeux de Dieu, mettant l'accent sur l'intégrité morale et éthique globale. Jacques exhorte que cette justice féconde ne peut pas prospérer si elle est semée au milieu de discours controversés ou incendiaires, établissant des parallèles avec les enseignements de Paul sur la gestion des désaccords au sein de l'Église (1 Timothée 5 :1-2 ; 2 Timothée 2 :14, 24-26).

« La sagesse d'en haut », telle que décrite par Jacques, donne la priorité à la justice et à la paix, guidant les croyants à rechercher la réconciliation et l'harmonie dans leurs interactions (Jacques 3 : 17). Cette sagesse favorise un climat propice à la production du « fruit » de la justice, une récolte marquée par des actes de bonté et d'intégrité (Jacques 3 : 18).

Jacques souligne qu'un discours séduisant et édifiant provient d'un esprit sage et cultivé, soulignant le lien entre la prévenance et la capacité de contrôler sa langue (Jacques 3 : 13-18). Il rappelle aux croyants que seul Dieu peut apprivoiser la langue et transmettre la sagesse nécessaire pour parler avec grâce et vérité.

Par conséquent, Jacques conseille de faire preuve de prudence lorsque l'on assume un rôle d'enseignant, en soulignant la responsabilité qui accompagne le fait de manier des paroles qui ont le pouvoir de construire ou de détruire (Jacques 3 : 1). Il affirme que la vraie sagesse, caractérisée par l'humilité, la grâce et la paix, vient de Dieu seul et est essentielle à un ministère fructueux et à une vie chrétienne authentique (Jacques 3 : 17-18).

Les enseignements de Jacques dans ce chapitre servent de rappel essentiel de l'impact significatif de nos paroles et de la nécessité d'aligner notre discours sur la sagesse d'en haut. En cultivant un esprit d'humilité et en recherchant la paix, les croyants peuvent répondre efficacement à l'appel de Dieu et porter la moisson fructueuse de la justice dans leur vie et dans leur communauté.

Résumé du chapitre 3

Le chapitre 3 du Livre de Jacques aborde le thème du contrôle de la langue et de la sagesse qui vient d'en haut. Voici un résumé détaillé :

Le pouvoir de la langue (Jacques 3 :1-5a) : Jacques commence par mettre en garde contre le désir d'être enseignant, car ils seront jugés plus strictement. Il utilise des analogies pour illustrer le pouvoir et les dommages potentiels de la langue : un mors dans la bouche d'un cheval contrôle tout le cheval, un petit gouvernail dirige un grand navire et une petite étincelle peut mettre le feu à une forêt. De même, bien que petite, la langue possède un grand pouvoir et doit être soigneusement contrôlée.

Le problème de la langue sauvage (Jacques 3 :5b-12) : Jacques souligne la nature paradoxale de la langue, qui peut bénir et maudire, louer Dieu et calomnier les autres. Il critique l'incohérence de l'utilisation de la langue pour le culte et les discours nuisibles. Il compare la langue à une source qui produit de l'eau fraîche ou amère, soulignant qu'une fontaine pure ne peut pas produire d'eau impure.

La vraie sagesse et ses caractéristiques (Jacques 3 : 13-18) : Jacques oppose la sagesse terrestre, caractérisée par la jalousie, l'ambition égoïste et le désordre, à la sagesse céleste, qui se manifeste par la pureté, les attitudes aimant la paix, la douceur, le caractère raisonnable, la miséricorde, la bonté. fruits, impartialité et sincérité. Il explique que la vraie sagesse d'en haut conduit à une récolte de justice et favorise la paix dans les relations et les communautés.

La source du conflit (Jacques 4 : 1-3) : Jacques identifie la cause profonde des conflits et des disputes entre les croyants : les désirs égoïstes et les passions incontrôlées qui conduisent à l'envie, à la convoitise et aux querelles. Il soutient que ces conflits surviennent parce que les gens ne demandent pas à Dieu ce dont ils ont besoin ou le demandent avec de mauvaises motivations, cherchant uniquement à satisfaire leurs propres plaisirs.

L'appel à l'humilité et à la soumission (Jacques 4 :4-10) : Jacques réprimande ceux qui sont amis du monde, les avertissant de l'inimitié entre l'amitié avec le monde et l'amitié avec Dieu. Il appelle à la repentance, à l'humilité et à la soumission à Dieu, exhortant les croyants à s'approcher de lui pour qu'il s'approche d'eux. Il encourage une véritable tristesse face au péché et la purification des cœurs de la double pensée .

Avertissement contre l'arrogance (Jacques 4 : 11-17) : Jacques avertit de dire du mal les uns contre les autres et de juger les autres, soulignant que seul Dieu est le véritable juge. Il met en garde contre la vantardise et l'arrogance qui consiste à élaborer des projets sans reconnaître la souveraineté de Dieu sur l'avenir. Il conclut en affirmant la nécessité de l'humilité, de la confiance dans la volonté de Dieu et de l'obéissance qui découle de la foi.

Thèmes clés :

- **Contrôle de la langue** : Le chapitre met l'accent sur l'importance de contrôler la parole et d'utiliser la langue pour l'édification plutôt que pour la destruction.
- **La sagesse d'en haut** : Jacques oppose la sagesse terrestre (égoïste et désordonnée) à la sagesse céleste (pure, pacifique et juste).
- **Conflit et humilité** : Jacques aborde les causes profondes des conflits au sein de la communauté et appelle à l'humilité, à la soumission à Dieu et à la repentance.
- **La souveraineté de Dieu et la responsabilité humaine** : Jacques souligne l'équilibre entre la reconnaissance de la souveraineté de Dieu et l'exercice d'une gestion responsable de ses actions et de ses paroles.

Jacques 3 constitue une exhortation significative à vivre avec sagesse, à parler de manière responsable et à cultiver la paix et la justice dans les relations, guidés par la sagesse qui vient de Dieu.

Chapitre 3 Prière

Dieu,

Nous venons devant Toi avec des cœurs humiliés par Ta Parole. Vous nous avez montré par l'intermédiaire de Jacques le pouvoir et les méfaits potentiels de la langue, et nous confessons que nous ne parvenons souvent pas à contrôler notre parole. Pardonne-nous, Seigneur, car nous avons utilisé nos paroles pour nuire aux autres, bavarder, nous vanter ou parler sans tenir compte de Ta sagesse.

Accorde-nous, ô Dieu, la sagesse d'en haut. Que nos langues soient des instruments de ta paix, prononçant des paroles d'encouragement, de gentillesse et de vérité. Aide-nous à exploiter le pouvoir de nos paroles pour édifier les autres et glorifier ton nom. Apprenez-nous à être prompts à écouter, lents à parler et lents à nous mettre en colère, reflétant ainsi votre caractère dans nos interactions avec les autres.

Père, extirpe toute jalousie, ambition égoïste ou orgueil qui pourrait persister dans nos cœurs. Remplacez-les par de l'humilité et un véritable désir de justice. Aide-nous à rechercher la paix dans nos relations et nos communautés, en nous efforçant de semer les graines de l'unité et de la compréhension.

Puissions-nous toujours nous rappeler que notre sagesse et notre compréhension viennent de Toi seul. Guide-nous dans chaque décision et conversation afin que nous puissions t'honorer dans tout ce que nous disons et faisons.

Au nom de Jésus, nous prions, Amen.

Questions du chapitre 3

Sur quoi Jacques souligne-t-il comme aspect crucial de la maturité chrétienne au chapitre 3 ?

Selon Jacques, pourquoi devrait-on aspirer à devenir enseignant dans l'Église ?

Quelles illustrations Jacques utilise-t-il pour illustrer le pouvoir de la langue ?

Quelle analogie Jacques utilise-t-il pour décrire comment la langue peut déclencher des conséquences importantes ?

Quel contraste Jacques fait-il entre les capacités de la langue et son potentiel nocif ?

Selon Jacques, quel genre de sagesse est terrestre et démoniaque ?

Quelles sont les caractéristiques de la sagesse d'en haut, telle que décrite par Jacques ?

Comment Jacques relie-t-il la sagesse au rétablissement de la paix ?

Que met en garde Jacques contre les dangers d'un discours incontrôlé ?

Sur quel principe spirituel Jacques insiste-t-il concernant le pouvoir de la langue ?

Comment Jacques utilise-t-il des analogies avec la nature pour illustrer ses propos sur la langue ?

Pourquoi Jacques met-il en garde contre le fait de chercher à devenir enseignant ?

Selon Jacques, quelles sont les caractéristiques de la sagesse terrestre ?

Quel rôle la langue joue-t-elle dans la discussion de Jacques sur la foi et les actions ?

Comment Jacques décrit-il la nature de la langue ?

Quels conseils Jacques donne-t-il à ceux qui aspirent à devenir enseignants ?

Comment Jacques relie-t-il la sagesse au comportement ?

Selon Jacques, quels sont les fruits de la sagesse d'en haut ?

À quoi Jacques compare-t-il la langue en ce qui concerne son potentiel de préjudice et d'influence ?

Quel est le lien entre l'enseignement de Jacques sur la langue et les thèmes plus larges de la vie chrétienne ?

Jacques chapitre 4 : 1-17

Avertissement contre la mondanité

Dans ce chapitre, Jacques donne des conseils pour favoriser la paix entre les croyants, en mettant l'accent sur l'harmonie avec Dieu, les autres et soi-même. Ce thème s'aligne étroitement avec les enseignements antérieurs du chapitre 1 (cf. Jacques 4 :6 avec 1 :5, 21 ; 4 :8b avec 1 :6-8, 15, 21, 27 ; 4 :9-10 avec 1 :21). .

Jacques 4 poursuit la discussion sur les conflits, en élargissant son champ d'action au-delà des enseignants mentionnés en 3 : 14 pour inclure l'ensemble de la communauté aux prises avec des problèmes similaires. Il identifie que les conflits naissent de désirs internes (versets 1-3) et sont exacerbés par les influences du monde. Jacques souligne l'impossibilité d'aimer simultanément le monde et Dieu (versets 4-6), exhortant les chrétiens à résister au diable et à se rapprocher de Dieu (versets 7-10). Ce chapitre sert ainsi de guide pratique pour naviguer dans les conflits interpersonnels au sein de la communauté chrétienne tout en approfondissant sa relation avec Dieu.

4:1 **Qu'est-ce qui provoque des querelles, et qu'est-ce qui provoque des querelles parmi vous ? N'est-ce pas parce que vos passions se font la guerre en vous ?**

Jacques commence ce chapitre en abordant un problème pratique auquel sont confrontés ses lecteurs : les conflits et les querelles entre croyants. Après avoir souligné précédemment l'importance d'éviter les conflits et de promouvoir la paix (Jacques 3 : 14-16, 13, 17-18), Jacques est maintenant confronté à la réalité de la discorde au sein de la communauté chrétienne.

Jacques fait référence aux conflits internes et aux divisions entre frères chrétiens, et non aux guerres extérieures. L'absence de son discours chaleureux habituel, « frères et sœurs » (trouvé dans 1 : 2 ; 2 : 1 ; 3 : 1) dans cette section pourrait indiquer la gravité du problème en question (verset 13). Certains érudits suggèrent que cette omission pourrait éviter la répétition ou mettre en évidence la gravité des péchés évoqués, ce qui amène certains à se demander si Jacques adresse cette exhortation uniquement aux Juifs incroyants. Cependant, l'utilisation constante par Jacques du terme « frères et sœurs » tout au long de l'épître suggère qu'il s'adresse à ses frères chrétiens dans chaque section.

Le passage abrupt de l'image sereine de la sagesse venue d'en haut (Jacques 3 : 17-18) à la dure réalité des conflits du monde (Jacques 4 : 1-12) met en évidence le besoin urgent d'une réprimande ferme de Jacques contre la mondanité. Cet esprit mondain a toujours tourmenté l'Église sous diverses formes subtiles. Jacques décrit ces manifestations : les conflits égoïstes entre les croyants (4 : 1-12), l'autosuffisance présomptueuse dans la planification des affaires (4 : 13-17), les réactions inappropriées à l'injustice (5 : 1-11) et l'utilisation abusive des serments pour des fins égoïstes (5:12).

En résumé, les exhortations de Jacques dans ce chapitre rappellent clairement les dangers de la mondanité et l'importance cruciale du maintien de la paix et de l'unité au sein de la communauté chrétienne, fondées sur la sagesse céleste plutôt que sur les désirs terrestres.

James fait la distinction entre les « querelles » (grec : polemoi , guerres) et les « conflits » (grec : machoi , batailles) en abordant à la fois les conflits à grande échelle entre de nombreux individus et les tensions plus petites au sein ou entre quelques personnes. Il identifie les deux types de conflits comme préjudiciables à la paix au sein de la communauté. L'expression « parmi vous » est un avertissement général destiné à tous les lecteurs, soulignant le caractère universel de ces questions parmi les croyants.

James identifie les « plaisirs » comme la cause profonde de ces conflits à l'aide d'une question rhétorique. Ici, les « plaisirs » font référence à des désirs assouvis, que James compare à une armée assiégeante attaquant des individus. Plutôt que ces désirs entrent en conflit les uns avec les autres chez un croyant, James souligne qu'ils attaquent collectivement l'individu. Cela contraste avec l'idée fausse répandue selon laquelle les circonstances extérieures sont principalement à l'origine des conflits ; Jacques fait remonter leur origine aux désirs intérieurs (verset 2).

La recherche de la satisfaction personnelle est un thème omniprésent dans la culture humaine, où les gens investissent beaucoup de temps, d'argent et d'énergie pour réaliser leurs désirs (cf. Luc 8 : 14 ; Tite 3 : 3). Jacques met les croyants au défi d'évaluer si leurs ressources sont principalement destinées à satisfaire des désirs égoïstes ou à s'aligner sur les désirs de Dieu (Matt. 6 : 33a). Même si les désirs égoïstes sont inhérents à la nature humaine et continuent d'exercer une influence, James affirme qu'ils ne doivent pas dominer nos vies ; les désirs de Dieu devraient plutôt avoir la priorité.

Dans la société contemporaine, la glorification de la satisfaction personnelle est répandue, même parmi les chrétiens. L'enseignement de Jacques exhorte les croyants à donner la priorité aux désirs de Dieu plutôt qu'aux poursuites égoïstes, reconnaissant qu'un tel alignement interne favorise la paix et l'harmonie au sein de la communauté chrétienne.

4:2 Vous désirez et vous n'avez pas, alors vous assassinez. Vous convoitez et ne pouvez pas obtenir, alors vous vous battez et vous disputez. Vous ne l'avez pas parce que vous ne le demandez pas.

James souligne les graves conséquences d'un désir incontrôlé, notant que la manifestation ultime d'un désir effréné peut conduire à un « meurtre » métaphorique. Ce concept peut être vu tout au long de l'histoire, depuis l'acte de Caïn de tuer Abel (Genèse 4) jusqu'aux péchés de David (2 Samuel 11) et d'Achab (1 Rois 21), et continue d'être pertinent aujourd'hui. Même si James n'accusait probablement pas ses lecteurs de meurtre littéral, il utilise cet exemple extrême pour mettre en évidence les conséquences destructrices du fait de vivre uniquement pour satisfaire des désirs égoïstes.

Dans le contexte du langage puissant de James, tel que « guerres » et « batailles », interpréter « vous tuez » (phoneuete) comme une hyperbole désignant une haine intense a du sens. Cette interprétation s'aligne sur des enseignements similaires dans Matthieu 5 :21-22 et 1 Jean 3 :15, qui assimilent la haine au meurtre. Ainsi, James suggère que les désirs non satisfaits conduisent souvent à des conflits et des différends individuels.

La convoitise et l'envie, telles que décrites dans le texte de Jacques, aboutissent souvent à des conflits et à des discordes. Lorsque les désirs restent insatisfaits, les individus ont souvent recours à des disputes et à des bagarres. Ce cycle illustre comment convoiter ce que les autres ont ou envier leur position engendre le mécontentement et les conflits relationnels.

Jacques propose une solution : demander à Dieu ce qui est nécessaire plutôt que de lutter de manière égoïste. Il souligne l'importance de la prière pour obtenir la satisfaction et les bénédictions de Dieu. Cet enseignement s'aligne sur d'autres passages bibliques (par exemple, Luc 11 : 5-13) encourageant les croyants à rechercher la provision de Dieu par la prière.

Jacques décrit Dieu comme la source ultime de toutes les bonnes choses, invitant les croyants à l'approcher dans la prière pour leurs besoins. Négliger de le faire, suggère James, revient à ignorer un trésor précieux une fois qu'il a été révélé. Ainsi, il exhorte ses lecteurs à rechercher activement la direction et la provision de Dieu par la prière, reconnaissant que le véritable accomplissement vient de l'alignement de ses désirs avec la volonté de Dieu.

4:3 Vous demandez et vous ne recevez pas, parce que vous demandez mal, pour le consacrer à vos passions.

Nous prions généralement Dieu avec des requêtes qui correspondent davantage à nos désirs égoïstes qu'à sa volonté. Jacques souligne l'importance d'examiner nos motivations lorsque nous prions, en nous mettant en garde contre le fait de demander des choses simplement pour réaliser des ambitions personnelles ou des plaisirs qui pourraient ne pas correspondre aux desseins de Dieu à notre égard. Au lieu de cela, Jacques encourage les croyants à rechercher auprès de Dieu un plus grand désir pour ce qu'Il promet et commande, alignant ainsi notre cœur sur Sa volonté (cf. Matthieu 7 : 7-11).

Selon James, la prière ne doit pas être réduite à une simple formule ou à un rituel où prononcer les bons mots ou rassembler suffisamment de foi garantit le résultat souhaité. Une telle approche réduirait la prière à une forme de manipulation ou à un moyen d'imposer notre volonté à Dieu, ce qui contredirait l'accent mis par le Nouveau Testament sur la prière en tant que relation enracinée dans la confiance. La véritable prière naît d'une confiance profonde en Dieu comme notre Père, dont la volonté souveraine dépasse nos désirs.

Dans le contexte du ministère chrétien, les enseignements de Jacques sur la prière incitent également les croyants, en particulier les ministres, à donner la priorité à la volonté de Dieu plutôt qu'aux préférences personnelles ou aux attentes des autres. Il critique les scénarios dans lesquels les activités du ministère pourraient être justifiées par le fait de « fixer les bonnes priorités ». Pourtant, il pourrait provenir d'une satisfaction personnelle plutôt que d'un véritable service envers Dieu et son peuple. Qu'il s'agisse de se consacrer activement aux soins des malades, à l'évangélisation intensive ou de se concentrer uniquement sur la préparation du sermon, la clé réside dans le discernement et l'alignement sur la direction de Dieu plutôt que dans la réalisation de passions ou d'ambitions personnelles.

En fin de compte, Jacques appelle les croyants à aborder la prière avec un désir sincère de rechercher la volonté de Dieu, reconnaissant que le véritable épanouissement et l'efficacité du ministère proviennent de l'alignement de nos désirs sur ses desseins divins.

4:4 Vous, gens adultères ! Ne savez-vous pas que l'amitié avec le monde est inimitié envers Dieu ? Celui qui veut être ami du monde se fait donc ennemi de Dieu.

La question centrale de Jacques est de choisir entre aimer « Dieu » ou aimer « le monde ». Le concept de « monde », dans sa forme la plus simple, fait référence à l'environnement naturel dans lequel chaque personne entre à la naissance et qu'il quitte à sa mort. Il englobe les aspects visibles et temporels de la vie que nos sens perçoivent, contrairement aux réalités invisibles et éternelles (cf. 1 Jean 2 : 15-17).

« Le monde », comme le décrit Jacques, favorise l'amour-propre et donne la priorité aux plaisirs personnels (Jacques 4 :3) plutôt qu'aux désirs de Dieu. En s'alignant sur cet état d'esprit mondain, les individus agissent de manière infidèle envers Dieu, un peu comme des épouses spirituelles infidèles au Seigneur. Un tel alignement sur les valeurs du monde nous positionne comme un ennemi de Dieu, car cela implique un choix délibéré de suivre les désirs du monde plutôt que la volonté de Dieu (Matthieu 6 : 24). Jacques explique clairement qu'il est impossible d'entretenir une relation amicale avec Dieu tout en embrassant la philosophie du monde.

Au contraire, Dieu invite les croyants à l'inclure dans tous les aspects de la vie parce qu'il est intrinsèquement lié à toute existence . Sans Lui, rien ne peut être véritablement accompli (Jean 15 : 5). Par conséquent, Jacques souligne que ceux qui recherchent le succès dans le monde comme objectif principal ne peuvent pas simultanément entretenir une amitié avec Dieu. La poursuite d'objectifs mondains éloigne souvent les individus de la volonté et de la présence de Dieu, favorisant une déconnexion spirituelle et empêchant une véritable intimité avec Lui.

Jacques encourage les croyants à donner la priorité à l'amour et à l'obéissance à Dieu par-dessus tout ou à succomber aux désirs et aux valeurs du monde. Ce choix façonne fondamentalement le voyage spirituel et la relation avec Dieu, déterminant si l'on marche en accord avec Son dessein divin ou si l'on s'éloigne davantage vers l'éloignement spirituel.

4:5 Ou pensez-vous que ce soit inutile que l'Écriture dise : « Il aspire jalousement à l'esprit qu'il a fait habiter en nous » ?

Dans le discours de Jacques, il étaye son affirmation du verset 4 sur les conséquences spirituelles de l'amour du monde en faisant allusion aux enseignements scripturaires sur la jalousie de Dieu. Au lieu de citer directement un verset spécifique, Jacques résume le thème scripturaire plus large trouvé dans des passages comme Exode 20 : 5 ; 34:14, Psaume 42:1 ; 84 :2 et Zacharie 8 :2, soulignant la jalousie de Dieu pour la dévotion de son peuple.

La traduction de Jacques 4 : 5 est nuancée mais généralement comprise comme exprimant l'idée que « Dieu aspire jalousement à l'esprit qu'il a fait vivre en nous ». Cela pourrait également être paraphrasé par « L'Esprit qu'Il a fait habiter en nous aspire jalousement à toute la dévotion du cœur. » Cette interprétation s'aligne bien avec le contexte précédent, où Jacques accuse ceux qui aiment le monde de commettre un adultère spirituel contre Dieu (verset 4), en le contrastant avec l'Esprit de Dieu désirant passionnément un engagement sans réserve de la part de son peuple.

L'expression grecque pros phthonon , traduite par « jalousie », exprime l'envie et le zèle à garder quelque chose de précieux. Le verbe epipothei souligne en outre un désir ou un désir intense. Ensemble, ces expressions décrivent de manière vivante l'Esprit de Dieu comme désirant ardemment la loyauté et l'affection sans faille des croyants, semblable aux images trouvées dans d'autres passages du Nouveau Testament comme Romains 8 :11, 1 Corinthiens 3 :16, Galates 4 :6, Éphésiens 4 :30. , et Jean 7:39 ; 16:7.

Dans ce verset, certaines interprétations suggèrent à tort que notre esprit humain est l'objet de jalousie et de désir. Pourtant, contextuellement et grammaticalement, il est clair que Jacques fait référence à l'Esprit de Dieu.

Jacques utilise des références de l'Ancien Testament sur la jalousie de Dieu pour souligner la gravité de l'infidélité spirituelle. Les croyants qui donnent la priorité aux désirs du monde plutôt qu'à la volonté de Dieu risquent de s'éloigner de Lui, car Dieu, à travers son Esprit, désire passionnément et mérite leur dévotion totale. Par conséquent, Jacques met ses lecteurs au défi d'aligner leurs affections sur les désirs de Dieu, reconnaissant que l'amitié avec le monde constitue une inimitié envers Dieu et une infidélité spirituelle.

4:6 Mais il donne plus de grâce. C'est pourquoi il est dit : « Dieu s'oppose aux orgueilleux mais il fait grâce aux humbles ».

Dieu fixe des normes élevées d'amour et de dévotion sans réserve à son peuple, s'attendant à ce qu'il donne la priorité à ses désirs avant les leurs. Cette norme se reflète dans diverses écritures, notamment Proverbes 3 :34, auquel Jacques fait allusion dans sa lettre. Le verset oppose la réponse de Dieu aux orgueilleux, auxquels il s'oppose, avec sa faveur envers les humbles, à qui il accorde la grâce.

Pour ceux qui recherchent des plaisirs égoïstes et donnent la priorité aux désirs mondains, caractérisés par l'orgueil et l'autosuffisance, Dieu s'oppose à leurs actions et attitudes. Cette opposition signifie sa désapprobation et sa résistance envers ceux qui ne sont pas alignés sur sa volonté et ses principes.

À l'inverse, Dieu étend abondamment sa grâce aux humbles. Dans ce contexte, l'humilité implique de reconnaître sa dépendance à l'égard de Dieu et de donner la priorité à ses désirs plutôt qu'à ses ambitions et plaisirs personnels. La grâce de Dieu donne aux humbles le pouvoir de résister aux défis posés par les tentations internes (la chair) et les pressions externes du monde.

Cette grâce n'est pas simplement passive mais active, fournissant une assistance , une force et des ressources spirituelles pour surmonter les défis de la vie d'une manière qui honore Dieu. Cela permet aux croyants de résister à l'attrait des désirs égoïstes et de vivre selon les desseins de Dieu. Ainsi, même si Dieu maintient sa norme de dévotion sans réserve, il fournit également les moyens – par sa grâce – à son peuple de remplir cette norme, lui permettant ainsi de vivre en accord avec sa volonté et de faire l'expérience de sa puissance transformatrice dans sa vie.

4:7 Soumettez-vous donc à Dieu. Résistez au diable et il fuira loin de vous.

Jacques émet dix commandements décisifs dans les versets 7 à 10, en utilisant des impératifs aoristes grecs qui ressemblent à des ordres militaires. Ces impératifs mettent en évidence la position sérieuse de Jacques contre la double pensée parmi les croyants.

Premièrement, Jacques demande aux croyants de « se soumettre » à Dieu avec humilité. Cette soumission va au-delà de la simple obéissance ; cela implique d'aligner nos priorités sur celles de Dieu, d'abandonner notre volonté à la Sienne et de nous engager à réaliser ses désirs plutôt que de poursuivre des ambitions égoïstes.

Deuxièmement, Jacques exhorte les croyants à « résister » vigoureusement à Satan. S'appuyant sur les enseignements de 1 Pierre 5 : 9, résister à Satan implique de s'opposer fermement à ses tentations et à ses projets. Les principales tactiques de Satan consistent à inciter au doute, au déni, au mépris et à la désobéissance à l'égard de la Parole de Dieu, comme en témoignent ses interactions avec des personnages comme Ève et Jésus (cf. Genèse 3 ; Matthieu 4). Les croyants peuvent résister à l'influence du diable en rejetant fermement ces tentations.

En réfléchissant au combat spirituel, Martin Luther a sagement déconseillé de discuter avec le Diable, soulignant sa vaste expérience et sa ruse. La perspicacité de Luther souligne l'importance de ne pas sous-estimer les tactiques de Satan, mais plutôt de s'appuyer sur la force et la sagesse de Dieu pour résister à ses projets.

Les commandements de Jacques soulignent la nécessité pour les croyants de prendre des mesures décisives dans leur vie spirituelle : se soumettre pleinement à la volonté de Dieu avec humilité et résister fermement aux tentatives de Satan de les égarer. Cette position active garantit que les croyants maintiennent une relation fidèle et alignée avec Dieu, habilités par sa grâce à surmonter les défis et les conflits qui surgissent au cours de leur voyage spirituel.

4:8 Approchez-vous de Dieu, et il s'approchera de vous. Nettoyez vos mains, pécheurs, et purifiez vos cœurs, vous qui êtes irrésolus.

Jacques souligne non seulement l'importance de résister à Satan, mais aussi de se rapprocher de Dieu. Cette double action est essentielle pour les croyants cherchant à approfondir leur relation avec Dieu et à maintenir la pureté spirituelle.

Se rapprocher de Dieu implique une approche délibérée vers Lui. Jacques utilise l'imagerie de « se rapprocher » pour signifier une relation étroite et intime avec Dieu. Jacques nous assure que Dieu rend la pareille en se rapprochant de nous lorsque nous nous approchons de Dieu de cette manière. Cette proximité avec Dieu reflète la relation qu'entretenaient les prêtres d'Israël lorsqu'ils s'approchaient de Dieu dans le Tabernacle ou le temple, soulignant le besoin de pureté et de sainteté.

Pour se rapprocher efficacement de Dieu, les croyants doivent subir un processus de purification. Ce processus englobe à la fois des actions externes (« nettoyez vos mains ») et des attitudes internes (« purifiez votre cœur »). « Nettoyer nos mains » symbolise la repentance et le fait de se détourner des comportements pécheurs, tandis que « purifier nos cœurs » implique de confesser et d'aborder les motivations et les désirs intérieurs qui peuvent être divisés ou impurs.

Jacques souligne l'importance de la confession et de la repentance en tant qu'éléments clés de ce processus de purification, faisant écho aux principes trouvés dans 1 Jean 1 : 9. En confessant nos péchés et en nous repentant, nous éliminons les barrières qui entravent notre relation avec Dieu et purifions nos cœurs de toute duplicité ou loyauté divisée.

En fin de compte, Jacques appelle les croyants à adopter une vision résolue, à se concentrer singulièrement sur la vie pour la seule gloire de Dieu, plutôt que d'être déchirés entre la poursuite de la volonté de Dieu et la satisfaction de désirs égoïstes. Cette unicité d'objectif aligne nos cœurs et nos actions avec les désirs de Dieu, favorisant une relation plus étroite et plus intime avec Lui à mesure que nous nous rapprochons dans la pureté et la dévotion.

4:9 Soyez malheureux, pleurez et pleurez. Que votre rire se transforme en deuil et votre joie en tristesse.

L'exhortation de Jacques à ses lecteurs, qui avaient fait des compromis avec le monde et étaient irrésolus, était un appel à réconcilier leur relation avec Dieu. Il les a exhortés à abandonner leurs loyautés divisées et à donner la priorité à la volonté de Dieu plutôt qu'aux désirs égoïstes .

Il est important de noter que Jacques ne prônait pas un état perpétuel de misère ou de chagrin constant parmi les chrétiens. Il a plutôt souligné que la véritable repentance implique souvent un changement visible dans le comportement et l'attitude extérieure. Les expressions de « deuil », de « pleurs » et d'être « sombre » symbolisent une véritable repentance, car elles reflètent une profonde tristesse pour les péchés passés et un détournement sincère d'un ancien style de vie marqué par le compromis et le péché.

Dans Matthieu 5 : 3-4, Jésus parle de la même manière de ceux qui sont « pauvres en esprit » et « en deuil », indiquant une humilité spirituelle et une véritable tristesse face au péché. Ces attitudes ne sont pas une tristesse perpétuelle mais une reconnaissance sincère de sa pauvreté spirituelle et un profond désir de la justice de Dieu.

L'accent mis par James sur l'abandon du rire et de la joie pour poursuivre des désirs égoïstes ne signifie pas rejeter toute joie ou tout bonheur dans la vie. Au contraire, cela souligne la nécessité de donner la priorité à l'intégrité spirituelle et à l'alignement avec la volonté de Dieu plutôt qu'aux plaisirs éphémères du monde. La vraie joie et l'épanouissement viennent du fait de vivre en harmonie avec Dieu et ses desseins, et non du fait de se livrer à des activités égoïstes qui s'éloignent de Lui.

Par conséquent, l'appel de Jacques à la repentance et à une dévotion résolue envers Dieu encourage les croyants à trouver une joie et une paix durables dans une relation renouvelée avec Lui, caractérisée par une véritable recherche de la justice et un cœur et un esprit transformés.

4:10 Humiliez-vous devant l'Éternel, et il vous élèvera.

Jacques conclut son conseil direct aux versets 7 à 10 en réitérant le thème central de l'humilité devant Dieu. Il exhorte ses lecteurs à s'humilier devant Dieu en donnant la priorité à sa volonté plutôt qu'à leurs désirs. Cet acte d'humilité apporte des bénédictions immédiates et prépare le terrain pour l'œuvre continue de Dieu et son éventuelle exaltation.

Le principe selon lequel Dieu élève les humbles est un thème récurrent dans toute l'Écriture. Jésus lui-même a enseigné que ceux qui s'humilient seront exaltés (Matthieu 18 :4 ; 23 :12 ; Luc 14 :11 ; 18 :14), et Pierre a fait écho à cet enseignement dans sa lettre (1 Pierre 5 :6). L'humilité, dans ce contexte, implique de reconnaître sa dépendance à l'égard de Dieu, de se soumettre à son autorité et d'aligner sa vie sur ses desseins.

Le parcours de Ralph Bell illustre le pouvoir transformateur de l'humilité et la grâce de Dieu. Confronté à la discrimination et aux insultes raciales, Bell a profondément lutté. Cependant, il s'est tourné vers sa foi et a demandé conseil à sa mère, qui l'a encouragé à fixer son regard sur Jésus. En s'humiliant devant Dieu, Bell a trouvé la force et la grâce de pardonner à ceux qui le maltraitaient et de surmonter ses sentiments de haine.

L'expérience de Bell illustre l'enseignement de James en termes pratiques. Bell a trouvé la paix intérieure et la guérison en s'humiliant et en s'appuyant sur la grâce de Dieu. Il a également acquis la capacité d'aimer ses ennemis – un acte surnaturel rendu possible grâce à l'œuvre transformatrice de Dieu dans son cœur.

L'appel à l'humilité de Jacques est de faire confiance à la sagesse et à la souveraineté de Dieu, sachant qu'il récompense ceux qui le cherchent avec un cœur sincère et humble. Grâce à l'humilité, les croyants trouvent la force, la grâce et la capacité de vivre l'amour et les desseins de Dieu dans un monde brisé.

4:11 Ne dites pas de mal les uns aux autres, frères. Celui qui parle contre un frère ou juge son frère dit du mal contre la loi et juge la loi. Mais si vous jugez la loi, vous n'êtes pas un observateur de la loi, mais un juge.

James aborde un autre aspect critique des conflits interpersonnels et du comportement éthique parmi les croyants et chez tous. Il souligne le danger de critiquer les autres, soulignant comment un tel comportement reflète non seulement de l'égoïsme mais place également le critique dans une position de jugement sur les autres, contrairement à la loi de Dieu.

Dans Jacques 4 : 11, le terme « dire du mal » ou « parler contre » (Gr. katalaleo) fait référence au fait de parler de manière désobligeante ou calomniante à une autre personne, en particulier à un autre chrétien. En s'engageant dans la critique, une personne affirme implicitement sa propre supériorité ou sa justesse sur celle qu'elle critique, assumant ainsi le rôle d'un juge. Cet acte contredit le commandement de Dieu de ne pas juger les autres (cf. Lévitique 19 :15-18 ; Matthieu 7 :1).

Jacques relie ce comportement à un principe éthique plus large fondé sur la loi de Dieu. Lorsque des individus critiquent les autres, ils violent les principes de respect mutuel et d'humilité et sapent l'autorité de Dieu, qui seul a le droit de juger. Au lieu de s'exalter, Jacques prône la soumission et le respect mutuels entre les croyants (par exemple Galates 5 :13 ; Éphésiens 5 :21 ; Philippiens 2 :3), ce qui favorise l'unité et reflète l'humilité semblable à celle du Christ.

Les implications de l'enseignement de Jacques s'étendent au-delà des relations interpersonnelles au sein de la communauté ecclésiale (« les uns les autres ») pour englober toutes les interactions humaines (« votre prochain », v. 12). Son avertissement souligne l'importance de respecter l'autorité de Dieu dans notre conduite envers les autres, préservant ainsi l'harmonie et soutenant les principes de justice enracinés dans la loi de Dieu.

Dans la société contemporaine, où les critiques et les attitudes de jugement sont répandues, le message de James reste pertinent. Il appelle les individus à examiner leurs motivations et leurs actions, les exhortant à s'aligner sur les normes divines d'amour, d'humilité et de respect des autres, qui reflètent en fin de compte le respect de l'autorité de Dieu et favorisent des relations sociétales saines.

4:12 Il n'y a qu'un seul législateur et juge qui peut sauver et détruire. Mais qui es-tu pour juger ton prochain ?

Jacques souligne l'importance de s'abstenir de toute critique critique envers les autres, soulignant que l'autorité ultime en matière de jugement appartient exclusivement à Dieu, le seul Législateur et Juge. Alors que les gouvernements humains, les dirigeants de l'Église et les parents peuvent avoir délégué l'autorité pour juger certaines actions ou comportements dans leurs domaines respectifs, Jacques met en garde contre l'usurpation de l'autorité divine en portant un jugement condamnatoire sur autrui.

Dans Jacques 4 : 11-12, il souligne que critiquer ou parler contre ses frères croyants sans autorisation divine est inapproprié et contre-productif. James prône l'humilité et le respect mutuel plutôt que d'assumer le rôle de juge envers les autres. Les chrétiens, guidés par l'Esprit, devraient chercher à restaurer et à soutenir ceux qui trébuchent, en suivant le principe de l'amour et de la réconciliation (Galates 6 : 1).

La critique des autres est une tendance humaine courante. Néanmoins, Jacques rappelle aux croyants leur responsabilité envers Dieu, qui seul a le droit ultime de juger. Cette perspective s'aligne sur les enseignements ailleurs dans les Écritures (Romains 14 : 1-13), mettant l'accent sur la responsabilité mutuelle et l'humilité devant Dieu. La référence à Dieu comme au Juge ultime dans l'enseignement de Jacques nous rappelle que nos actions envers les autres doivent refléter le respect de leur dignité et notre besoin de grâce.

Le message d'avertissement de James n'exclut pas les critiques constructives ou les corrections dans un esprit d'amour et de restauration. Au contraire, il met en garde contre l'arrogance du jugement final sur les autres, qui appartient uniquement à Dieu. En fin de compte, le principe n'est pas de condamner mais de rechercher la réconciliation et la croissance au sein de la communauté des croyants, en reconnaissant que nous sommes tous sur un pied d'égalité devant le tribunal de Dieu (Matthieu 7 : 2). Ainsi, Jacques encourage un esprit d'humilité et de grâce dans nos interactions, reflétant l'amour et la miséricorde de notre Père céleste.

Se vanter de demain

Jacques poursuit son épître en abordant un problème pratique enraciné dans l'égocentrisme et en élargissant ses implications pour la vie quotidienne. Ayant déjà identifié l'égocentrisme comme la source de conflits interpersonnels et intérieurs et mis en garde contre le jugement inapproprié des autres, James illustre maintenant la nature d'une vie égocentrique. Il entend aider ses lecteurs à reconnaître clairement la racine sous-jacente de ce problème.

Dans Jacques 4 : 13-17, il commence par un exemple de planification et d'ambition vantardes, condamnant l'arrogance inhérente à de telles déclarations pleines d'assurance (v. 13-14). Jacques donne ensuite des conseils pratiques pour aborder la planification et l'ambition d'une manière qui s'aligne sur la volonté de Dieu (v. 15-17).

Cette section de l'épître de Jacques sert non seulement à aborder des comportements spécifiques comme se vanter de ses projets futurs , mais également à mettre en évidence un principe plus large : vivre avec conscience de la souveraineté de Dieu et soumettre ses projets à sa direction. Jacques encourage l'humilité et la dépendance à l'égard de Dieu dans tous les aspects de la vie en soulignant la folie de présumer de l'avenir sans tenir compte de la volonté de Dieu.

Ainsi, Jacques passe du traitement des conflits découlant d'attitudes égocentriques à la fourniture d'une sagesse pratique pour aborder les incertitudes de la vie avec une humble reconnaissance de l'autorité et de la direction de Dieu. Ce changement met en évidence le souci pastoral de James de doter ses lecteurs d'une sagesse pratique enracinée dans la foi et l'humilité, les dirigeant finalement vers une vie qui honore Dieu plutôt que soi-même.

4:13 Venez maintenant, vous qui dites : « Aujourd'hui ou demain, nous irons dans telle ou telle ville et y passerons un an pour faire du commerce et faire du profit. »

Jacques, semblable aux prophètes de l'Ancien Testament, adopte un ton conflictuel lorsqu'il s'adresse à son auditoire. Il commence par les convoquer avec la phrase « Viens maintenant », un dispositif rhétorique qui rappelle les appels à l'attention des prophètes (cf. Isaïe 1 : 18 et d'autres textes prophétiques). Dans Jacques 4 : 13-17, il dresse un tableau saisissant, probablement tiré du contexte culturel de son époque, pour illustrer un scénario impliquant un marchand juif ambulant, figure emblématique de la prospérité de la classe moyenne dans l'ancienne société juive.

À l'époque de James, les marchands juifs étaient répandus, et il est plausible que certains parmi son public étaient des Juifs chrétiens engagés dans de telles activités commerciales. Les projets de l'individu dans l'illustration de James, impliquant des entreprises commerciales et des voyages futurs, ne sont pas en soi un péché ni carrément condamnés par James. Au lieu de cela, James critique l'attitude sous-jacente d'assurance et de présomption qui accompagne souvent une telle planification.

La critique de James ne s'attaque pas à l'acte de planification lui-même. Néanmoins, cela remet en question les motivations et la mentalité sous-jacentes qui peuvent accompagner de telles entreprises tournées vers l'avenir. La confiance vantarde du commerçant quant au succès commercial futur et sa présomption quant à la certitude de réaliser ses projets sans reconnaître la souveraineté de Dieu sont les points centraux de l'avertissement de Jacques.

Jacques utilise cette illustration non pas pour dénoncer la planification commerciale ou l'ambition, mais pour mettre en garde contre l'arrogance de l'autosuffisance et la négligence du rôle providentiel de Dieu dans la vie de chacun. Il entend encourager l'humilité et reconnaître correctement la souveraineté de Dieu dans tous les aspects de la vie, y compris les projets et ambitions futurs . Ainsi, Jacques utilise ce récit pour souligner la nécessité d'une approche équilibrée qui inclut le recours à la direction de Dieu et la soumission à sa volonté dans toutes les entreprises.

4:14 pourtant vous ne savez pas ce que demain vous réserve. Quelle est votre vie? Car vous êtes une brume qui apparaît brièvement puis disparaît.

Jacques souligne un oubli critique dans l'approche du marchand : son incapacité à prendre en compte l'imprévisibilité de la vie et sa dépendance totale à l'égard de la providence de Dieu. Ce thème fait écho aux enseignements de Jésus, comme dans Luc 12 :18-20, où les plans d'un homme riche sont contrecarrés par sa mort subite et sa négligence des priorités éternelles. De la même manière, Jean 15 : 5 met l'accent sur le besoin des croyants de demeurer en Christ, reconnaissant leur dépendance à son égard pour tous les aspects de la vie.

Réfléchir à la certitude du retour du Christ, telle qu'elle est enseignée tout au long de l'Écriture, offre un changement de perspective significatif. L'anticipation de la seconde venue du Christ devrait profondément influencer la façon dont les chrétiens vivent dans le présent. Il sert à rappeler de donner la priorité aux valeurs éternelles plutôt qu'aux réalisations temporaires et d'aligner ses plans et ses ambitions sur la volonté de Dieu.

La question posée – dans quelle mesure la connaissance du retour imminent du Christ façonne la vie d'une personne – est cruciale. Cela met les croyants au défi de transcender la perspective limitée des circonstances actuelles et des expériences passées. Au lieu de cela, les chrétiens sont appelés à être motivés par la certitude du retour du Christ, en favorisant un style de vie caractérisé par la fidélité, la préparation et une confiance profondément ancrée dans le plan souverain de Dieu.

L'illustration du marchand par Jacques souligne la nécessité d'une vision spirituelle intégrant l'humilité, la dépendance à l'égard de Dieu et une perspective tournée vers l'avenir façonnée par la vérité du retour imminent du Christ. Cette perspective met en garde contre l'autonomie et l'arrogance et favorise une vie qui honore Dieu sous tous ses aspects, y compris ses projets et ses aspirations.

4:15 Au lieu de cela, vous devriez dire : « Si le Seigneur le veut, nous vivrons et ferons ceci ou cela. »

Le marchand illustré par Jacques aurait dû aborder sa planification en dépendant consciemment de Dieu, en reconnaissant son contrôle souverain sur tous les aspects de la vie. Ce principe se retrouve tout au long du Nouveau Testament, où divers passages soulignent l'importance d'aligner ses projets sur la volonté de Dieu.

L'expression latine « deo volente », qui signifie « si Dieu le veut » et souvent abrégée en DV, reflète ce principe biblique et continue d'être utilisée par certains chrétiens aujourd'hui. Cela nous rappelle la nécessité de soumettre tous les projets futurs à la souveraineté de Dieu. Bien que le Nouveau Testament n'exige pas la répétition mécanique de « si le Seigneur le veut » dans chaque déclaration de projets futurs, l'apôtre Paul illustre l'esprit derrière cette phrase dans sa vie et son ministère.

Par exemple, Paul déclare explicitement son intention de retourner à Jérusalem « si le Seigneur le veut » dans Actes 18 :21 et 1 Corinthiens 4 :19. Dans ces cas-là, il reconnaît délibérément la souveraineté de Dieu sur ses efforts futurs. Même dans les passages où Paul n'utilise pas explicitement cette expression, comme Actes 19 :21, Romains 15 :28 ou 1 Corinthiens 16 :5, 8, sa pratique globale révèle un engagement constant à aligner ses plans sur la volonté de Dieu.

Par conséquent, « deo volente » ne sert pas simplement de convention linguistique mais aussi de discipline spirituelle, rappelant aux croyants d'aborder les projets de la vie avec humilité, en recherchant la direction de Dieu et en se soumettant à son dessein souverain. Cet état d'esprit garantit que nos aspirations et nos actions reposent sur une confiance pleine de foi dans la sagesse et la providence de Dieu plutôt que sur la présomption humaine ou l'autonomie.

4:16 En fait, tu te vantes de ton arrogance. Toute telle vantardise est mauvaise.

James a sévèrement réprimandé ceux de ses lecteurs qui adoptaient une attitude négligeant Dieu, en particulier ceux qui tiraient de la joie de l'illusion de contrôler leur destinée. Il a brossé un tableau saisissant d'individus se vantant de leur arrogance, s'attribuant le mérite de réalisations qui découlent en fin de compte de la providence et de la grâce de Dieu. Une telle vantardise, affirmait James, est non seulement irréaliste mais aussi profondément problématique : elle reflète une attitude qui place l'accomplissement humain au-dessus de la souveraineté de Dieu, le catégorisant ainsi comme « mal ».

Dans ces versets, Jacques présente habilement quatre arguments convaincants pour illustrer la folie d'ignorer la volonté de Dieu :

Complexité de la vie : Jacques a souligné la nature complexe et interconnectée de la vie (v. 13). Les complexités de l'existence humaine, liées aux desseins et aux interventions divines, défient les notions simplistes d'autosuffisance.

Incertitude de la vie : Il a souligné l'imprévisibilité des résultats de la vie (v. 14a). Malgré une planification méticuleuse et un contrôle apparent, les circonstances peuvent changer rapidement, révélant les limites de la prévoyance et du contrôle humains.

La brièveté de la vie : Jacques a souligné la nature éphémère de l'existence humaine (v. 14b). La brièveté de la vie nous rappelle brutalement notre nature temporelle et la nécessité d'une perspective qui reconnaisse les plans et les desseins éternels de Dieu.

Fragilité de l'homme : Enfin, Jacques a souligné la fragilité inhérente à l'humanité (v. 16). Les êtres humains sont sujets à des faiblesses, des vulnérabilités et à la mortalité, ce qui souligne notre dépendance continuelle à l'égard de la grâce et de la providence de Dieu.

À travers ces arguments, James a mis ses lecteurs au défi de faire face à l'illusion de l'autosuffisance et de reconnaître la sagesse de reconnaître humblement le rôle souverain de Dieu dans leur vie. En exaltant la réussite humaine au-dessus de la providence divine, Jacques affirmait que les individus non seulement se trompent eux-mêmes, mais déshonorent également la place légitime de Dieu en tant que source ultime de toutes les bénédictions et de tous les résultats. Ainsi, il a exhorté son auditoire à faire preuve d'humilité et de dépendance à l'égard de Dieu, en reconnaissant sa suprématie et en recherchant sa volonté dans tous les aspects de la vie.

4:17 Ainsi, quiconque sait ce qu'il faut faire et ne le fait pas est un péché pour lui.

Jacques décrit de manière vivante un scénario dans lequel une personne commet un « péché » par omission en sachant ce qu'il faut faire – reconnaître sa dépendance à l'égard du Seigneur – mais en omettant d'agir en conséquence (cf. Luc 16 : 19-31). Ce péché d'omission, selon Jacques, ne consiste pas simplement à négliger une action, mais spécifiquement à ne pas reconnaître et à honorer la place souveraine de Dieu dans la vie (v. 15). La personne représentée dans l'illustration de Jacques fait preuve d'indépendance et d'autosuffisance, ignorant la vérité inhérente selon laquelle Dieu est suprême sur toutes choses – une vérité dont même l'ordre naturel de la création atteste (cf. Jean 9 : 41 ; Rom. 1 : 19). -20).

Alors que James conclut sa discussion sur les conflits et la posture spirituelle nécessaire pour y faire face, il exhorte ses lecteurs à traduire leurs connaissances en action. Il met en garde contre la présomption et la confiance en soi, et recommande plutôt une humble soumission à Dieu. Selon Jacques, le fait de ne pas reconnaître la souveraineté de Dieu et d'agir selon cette vérité constitue un péché.

La déclaration finale de Jacques au verset 17, souvent présentée comme une maxime proverbiale, résume l'essence de toute son épître. Il souligne que la responsabilité de s'aligner sur la volonté de Dieu ne consiste pas seulement à éviter les torts évidents, mais aussi à faire activement ce qui est juste. Ce verset sert de rappel poignant que les péchés par omission, où l'on ne parvient pas à vivre sa foi et à reconnaître la seigneurie de Dieu, sont aussi importants et graves que les péchés par commission.

Jacques oblige ses lecteurs à vivre avec une conscience aiguë de l'autorité de Dieu et à démontrer cette compréhension par une action obéissante. Ainsi, l'avertissement du verset 17 résonne comme un principe universel applicable à tous les aspects de la vie chrétienne, tel qu'exposé tout au long de son épître.

Chapitre 4 Résumé

Le chapitre 4 du Livre de Jacques aborde les thèmes et défis clés des premiers chrétiens, fournissant des conseils pratiques pour vivre fidèlement à la lumière de la souveraineté de Dieu et des réalités des conflits humains.

Résumé du chapitre 4 de Jacques :

Causes des conflits (versets 1-3) : Jacques commence par identifier la cause profonde des conflits et des querelles entre croyants : les désirs égoïstes. Il attribue ces conflits à des passions et à des plaisirs incontrôlés qui poussent les gens à convoiter et à lutter pour ce qu'ils n'ont pas. Il souligne que ces désirs restent souvent insatisfaits parce que les gens le demandent avec de mauvaises motivations, cherchant à satisfaire leurs propres plaisirs plutôt que de rechercher la volonté de Dieu.

Amitié avec le monde (versets 4-6) : Jacques met en garde contre l'amitié avec le monde, qu'il qualifie d'inimitié envers Dieu. Il souligne l'importance de s'aligner sur les valeurs et les désirs du monde, ce qui contredit le dévouement et la loyauté que Dieu attend de ses disciples. Jacques cite l'Écriture pour souligner la jalousie de Dieu pour l'esprit qu'il a placé chez les croyants, les exhortant à résister à l'attrait des plaisirs du monde et à s'approcher plutôt de Dieu dans l'humilité et la repentance.

Humilité et soumission (versets 7-10) : Jacques exhorte ses lecteurs à se soumettre à Dieu et à résister au diable. Il utilise des impératifs forts, comparant la vie chrétienne à une bataille spirituelle où les croyants doivent s'opposer activement au mal et se rapprocher de Dieu. Jacques promet que ceux qui s'humilient devant Dieu recevront sa grâce et son exaltation, ce qui contraste avec le sort des orgueilleux.

Éviter de juger les autres (versets 11-12) : Jacques met en garde contre le fait de dire du mal ou de se juger les uns les autres. Il souligne qu'un tel comportement usurpe le rôle de Dieu en tant que juge et législateur ultime. Au lieu de cela, il encourage le respect mutuel et la soumission entre les croyants, faisant écho aux enseignements de Jésus selon lesquels il ne faut pas juger les autres durement mais plutôt faire preuve de miséricorde et de grâce.

Avertissement contre la vantardise et l'autonomie (versets 13-17) : Jacques critique ceux qui se vantent de leurs projets et de leurs réalisations sans reconnaître la souveraineté de Dieu sur leur vie. Il illustre la folie de présumer de l'avenir sans reconnaître les incertitudes de la vie et le contrôle ultime de Dieu. Jacques appelle à un état d'esprit qui inclut la dépendance à l'égard de la volonté de Dieu, en utilisant l'expression latine « deo volente » (si Dieu le veut) pour souligner l'importance de reconnaître l'autorité de Dieu dans tous les plans et actions.

Le chapitre se termine par une déclaration poignante au verset 17 : « Ainsi, quiconque sait ce qu'il faut faire et ne le fait pas, c'est pour lui un péché. » Cela résume le thème général de Jacques : la foi pratique : connaître la volonté de Dieu et y obéir activement. Le chapitre sert d'appel à une véritable humilité, à la soumission à Dieu, à l'évitement des séductions du monde et à une vie fidèle qui reconnaît la souveraineté de Dieu dans tous les aspects de la vie.

Le chapitre 4 de Jacques aborde les défis spirituels liés aux conflits, à l'orgueil et aux attitudes mondaines, exhortant les croyants à se soumettre à la volonté de Dieu, à résister aux tentations du monde et à traiter les autres avec respect et amour. Il souligne la nécessité d'une foi qui ne soit pas simplement théorique mais qui façonne activement la conduite et les relations de chacun.

Chapitre 4 Prière

Dieu miséricordieux,

Nous venons devant Toi humblement, reconnaissant notre dépendance à l'égard de Ta sagesse et de Ta grâce. Ta Parole nous a montré les dangers des désirs mondains et l'importance de nous soumettre pleinement à Ta volonté. Pardonne-nous, Seigneur, pour les fois où nous avons poursuivi nos propres plaisirs et ambitions, négligeant Ta direction et tes commandements.

Aide-nous à résister aux tentations de ce monde qui nous égarent. Renforce notre détermination à nous rapprocher de Toi, sachant qu'en nous humiliant, Tu nous élèveras avec le temps. Puissions-nous toujours rechercher Ton royaume et aligner nos désirs sur Ta volonté.

Protège nos cœurs, ô Seigneur, de l'orgueil et des attitudes de jugement. Apprenez-nous à traiter les autres avec amour et respect, en évitant les commérages et les critiques. Que nos paroles et nos actions reflètent Ta grâce et Ta miséricorde, sachant que Toi seul es le juste Juge.

Accorde-nous la sagesse de reconnaître la brièveté et l'incertitude de la vie et l'humilité de faire confiance à Ton contrôle souverain sur toutes choses. Puissions-nous vivre chaque jour avec une conscience de Ta présence et un engagement à suivre Tes conseils.

Lorsque nous planifions l'avenir , nous pouvons toujours dire : « Si telle est Ta volonté, nous vivrons et ferons ceci ou cela » (Jacques 4 :15). Guide-nous dans nos décisions, afin qu'elles puissent glorifier ton nom et faire progresser ton royaume sur terre.

Au nom de Jésus, nous prions,

Amen.

Questions du chapitre 4

Qu'est-ce qui cause les conflits et les querelles entre les gens, selon Jacques 4 ?

Comment Jacques décrit-il ceux qui sont amis avec le monde ?

Selon Jacques, qu'est-ce que Dieu donne aux humbles ?

Que veut dire Jacques par « purifiez vos cœurs » ?

Contre quoi Jacques met-il en garde au verset 11 concernant le fait de parler contre les autres ?

Comment Jacques illustre-t-il la folie de se vanter de ses projets futurs sans reconnaître la souveraineté de Dieu ?

Que dit Jacques au sujet du péché par omission au chapitre 4 ?

Comment Jacques conclut-il son argument sur la soumission à Dieu ?

Quelle déclaration proverbiale Jacques utilise-t-il pour conclure le chapitre 4 ?

Comment Jacques décrit-il l'attitude appropriée que les chrétiens devraient avoir envers la volonté de Dieu ?

Qu'est-ce que James exhorte ses lecteurs à faire au lieu de se juger les uns les autres ?

Selon Jacques, pourquoi se vanter de ses projets futurs sans reconnaître la souveraineté de Dieu est-il considéré comme un mal ?

Quel rôle l'humilité joue-t-elle dans les enseignements de Jacques au chapitre 4 ?

Comment Jacques décrit-il les conséquences de l'amitié avec le monde ?

Qu'enseigne Jacques sur l'importance de se soumettre à la volonté de Dieu ?

Pourquoi Jacques met-il l'accent sur la brièveté et l'incertitude de la vie ?

Comment Jacques illustre-t-il la relation entre l'humilité et le fait de recevoir la grâce ?

Que veut dire Jacques par « purifier vos cœurs » ?

Comment Jacques utilise-t-il les références de l'Ancien Testament pour étayer ses enseignements sur l'humilité et la soumission à Dieu ?

Quels conseils pratiques Jacques donne-t-il pour vivre selon la volonté de Dieu au chapitre 4 ?

Jacques chapitre 5 : 1-20

Avertissement aux riches

Jacques aborde une question cruciale concernant la richesse dans son épître, soulignant ses dangers et ses conséquences potentiels tout en exhortant à une action appropriée. Ce thème est tissé tout au long de sa lettre, avec de multiples références aux riches et aux pauvres (1 :9-11 ; 2 :1-12). Les chapitres 4 et 5 mettent en évidence son inquiétude, en particulier dans les passages s'adressant aux riches (4 :13-17 ; 5 :1-6).

Le style d'écriture équilibré de Jacques est évident lorsqu'il commence et termine ses exhortations (2 :1-5 :6) par des discussions sur la richesse. Cette structure reflète un modèle chiastique, une technique littéraire où les idées se reflètent autour d'un point central. Ronald Blue met en évidence trois aspects principaux concernant la richesse dans cette section : la consternation (v. 1), la corrosion (vv. 2-3) et la condamnation (vv. 4-6). Ces éléments mettent collectivement en évidence l'approche prudente de James à l'égard de l'influence et des périls associés à la richesse matérielle.

5:1 Venez maintenant, riches, pleurez et hurlez à cause des misères qui vous arrivent.

Jacques, semblable à un prophète, confronte ses lecteurs avec un avertissement sévère (« Venez maintenant » ; cf. 4 : 13). Alors que la richesse apporte généralement le bonheur, James met les riches au défi de « pleurer et hurler » de détresse, détaillant les raisons dans ce chapitre. Il est important de noter que la Bible ne condamne pas la richesse (cf. 1 Tim. 6 : 10) mais met constamment en garde contre les tentations qui accompagnent l'abondance financière. Ces tentations incluent un faux sentiment de sécurité, un désir de contrôle sur les autres et un orgueil personnel. Jacques met en garde contre une réjouissance excessive liée à la richesse, car un malheur matériel peut surgir de manière inattendue (cf. 1 : 10-11).

Le passage ne s'adresse pas seulement aux riches, mais spécifiquement aux dangers auxquels sont confrontés les riches en tant que classe, englobant à la fois les croyants et les incroyants. Même si Jacques écrit principalement aux croyants, ses paroles trouvent un écho universel et s'appliquent également aux incroyants. Sa préoccupation s'étend au-delà du simple succès mondain et s'étend aux dangers spirituels posés par la richesse, distinguant son message des passages antérieurs qui critiquent l'ambition mondaine (cf. 4 : 13).

5:2 Vos richesses sont pourries, et vos vêtements sont rongés par les mites.

Le concept de « richesses qui pourrissent » fait probablement référence à des biens périssables tels que la nourriture et les boissons. Aux temps bibliques, les vêtements étaient également considérés comme des biens précieux, souvent utilisés à des fins commerciales, chéris comme héritage et offerts comme cadeaux prestigieux (cf. Matthieu 6 : 19). Même aujourd'hui, les gens investissent des sommes considérables dans des biens périssables comme la nourriture, les boissons et les vêtements, malgré leur nature éphémère.

Cette perspective met en lumière une vérité intemporelle sur la richesse matérielle. Bien que ces biens puissent apporter un confort et un statut temporaires, ils finissent par se détériorer ou perdre de la valeur avec le temps. Il fait écho aux enseignements de Jésus dans Matthieu 6 : 19, soulignant l'importance de donner la priorité aux trésors éternels plutôt qu'aux biens terrestres susceptibles de se détériorer et de se perdre.

5:3 Votre or et votre argent sont corrodés ; leur corrosion sera une preuve contre vous et dévorera votre chair comme le feu. Tu as amassé un trésor dans les derniers jours.

La mention de « l'or » et de « l'argent » dans les enseignements de Jacques met en évidence leur vulnérabilité à la corrosion et au ternissement. Cette corrosion diminue leur valeur matérielle et symbolise une décadence spirituelle plus profonde causée par l'accumulation de richesses. James prévient que ce processus destructeur affectant les métaux précieux est parallèle aux effets néfastes sur les individus qui accumulent excessivement des richesses. Cela témoigne de leur gestion infidèle des richesses, contrastant fortement avec le principe chrétien selon lequel utiliser les ressources plutôt que de simplement les stocker.

Pour les chrétiens, accumuler des richesses est particulièrement grave, surtout compte tenu de la croyance qu'ils vivent dans les derniers jours précédant le retour du Seigneur (cf. Luc 12 : 20-21). Jacques préconise d'utiliser les ressources financières pour l'œuvre de Dieu plutôt que de se livrer à des modes de vie égocentriques et oisifs (cf. Matthieu 6 : 19-24). Cette perspective s'aligne sur l'enseignement biblique selon lequel tout appartient à Dieu et que les croyants sont des intendants chargés de gérer ses ressources avec sagesse (cf. 1 Corinthiens 4 : 2).

Même si la Bible ne décourage pas l'épargne ou l'investissement, elle condamne fermement la thésaurisation – l'accumulation de richesses pour le prestige ou l'autosatisfaction plutôt que pour une véritable sécurité ou une gestion responsable. Déterminer la limite entre une épargne prudente et une thésaurisation pécheresse est une question de cœur, qui reflète l'attitude de chacun envers la générosité et la confiance dans la provision de Dieu. En fin de compte, Jacques encourage un état d'esprit selon lequel les ressources financières sont utilisées à dessein pour faire progresser le royaume de Dieu, reconnaissant que le véritable trésor réside dans les investissements célestes plutôt que dans l'accumulation terrestre.

5:4 Voici, les salaires des ouvriers qui ont fauché vos champs, et que vous avez retenus frauduleusement, crient contre vous, et les cris des moissonneurs sont parvenus aux oreilles de l'Éternel des armées.

Certains auditeurs de Jacques s'enrichissaient manifestement injustement en refusant un salaire équitable à leurs ouvriers, une offense grave condamnée dans Deutéronome 24 : 15. Les cris de justice de ces travailleurs opprimés étaient parvenus aux oreilles de Dieu, même si leurs employeurs restaient indifférents (cf. Genèse 4 : 5 ; 18 : 20-21).

Le titre « Seigneur des armées » (Seigneur Tout-Puissant ; cf. Ésaïe 5 :9 ; Romains 9 :29) souligne la toute-puissance souveraine de Dieu. Malgré le manque apparent de défenseurs terrestres pour les opprimés, ceux-ci trouvent leur ultime aide auprès du Dieu Tout-Puissant du ciel. Ce titre met en évidence le rôle de Dieu en tant que défenseur des opprimés. Il garantit que la justice prévaut, même lorsque les systèmes humains échouent ou exploitent les personnes vulnérables. Cela rassure ceux qui sont confrontés à l'injustice qu'ils ne sont pas seuls dans leur lutte, car le Seigneur des armées se tient à leurs côtés, prêt à apporter la justice et l'équité au moment idéal.

5:5 Vous avez vécu sur terre dans le luxe et dans l'indulgence. Vous avez engraissé votre cœur au jour du massacre.

Le mode de vie souvent associé aux riches – le luxe et l'autosatisfaction – est critiqué dans les normes culturelles et les enseignements scripturaires. Même si la société tolère l'extravagance, l'Écriture la condamne systématiquement. Vivre uniquement « pour le plaisir » implique une recherche d'indulgence et d'excès, contre laquelle James met en garde comme une forme de matérialisme avide.

James utilise des images vives pour illustrer les conséquences de tels modes de vie. Il décrit métaphoriquement les riches comme « engraissant leur cœur », se livrant à une consommation excessive qui non seulement satisfait les désirs physiques, mais les rend également aveugles à leur vulnérabilité spirituelle. Cette quête égocentrique du plaisir, qu'il soit physique ou matérialiste, mène finalement à un jour de jugement, qui rappelle les animaux sacrificiels préparés pour l'abattage.

Dans la tradition des prophètes de l'Ancien Testament, Jacques dénonce sévèrement ce style de vie somptueux et insouciant, mettant en garde contre ses conséquences imminentes. Pour les croyants, cet avertissement constitue un défi pour réévaluer les habitudes de dépenses personnelles, soulignant l'importance d'évaluer périodiquement les dépenses. Une méthode pratique suggérée consiste à comparer les dons de bienfaisance (déductions) avec le revenu, en utilisant les dossiers fiscaux comme mesure tangible de la générosité par rapport à l'accumulation personnelle. Cette réflexion aide à aligner les décisions financières sur les principes bibliques d'intendance et de générosité, favorisant un état d'esprit donnant la priorité aux valeurs éternelles plutôt qu'aux plaisirs matériels éphémères.

5:6 Vous avez condamné et assassiné le juste. Il ne vous résiste pas.

James aborde avec vivacité l'oppression exercée par les riches, qui vont parfois jusqu'à « mettre à mort » métaphoriquement ceux qui résistent à leurs pratiques injustes, même si ces individus le font de manière juste et non violente. Ce langage hyperbolique met en évidence les graves conséquences auxquelles sont confrontés ceux qui font obstacle à la quête de sécurité financière des riches. Tout au long de l'histoire, les chrétiens ont souvent été persécutés par ceux qui protégeaient ou défendaient leurs intérêts économiques, comme le montrent des récits comme ceux des Actes (8 :18-24 ; 19 :23-28).

Pour les journaliers, la réception de leur salaire en temps opportun est une question de vie ou de mort. James décrit les salaires comme un élément vital, symbolisant les conséquences désastreuses lorsque les riches retiennent injustement ces revenus. Cette représentation s'étend aux paysans et aux ouvriers dont le travail fait vivre les autres mais les laisse souvent vulnérables à l'exploitation et à l'appauvrissement. Par conséquent, l'accusation de Jacques selon laquelle les riches condamnent et même métaphoriquement tuent les justes (5 : 6) a un poids éthique et moral important.

Les sévères avertissements de James révèlent son inquiétude quant au fait que ses lecteurs manquent à leurs responsabilités, notamment en matière de gestion de la richesse. Il conteste la recherche excessive de la richesse et du gain matériel, une tentation répandue dans la culture moderne. Bien que nécessaire à des fins pratiques, l'argent peut facilement devenir un piège, conduisant à l'anxiété, à l'insécurité et au péril spirituel s'il est mal utilisé ou idolâtré.

Concernant le public de Jacques, qu'il s'agisse de riches chrétiens ou d'incroyants, il critique principalement ceux au sein de la communauté chrétienne qui pourraient abuser de leurs richesses ou opprimer les autres. Son message sensibilise les croyants aux dangers de la richesse et à l'importance d'aligner les pratiques financières sur les principes d'intendance, de générosité et de justice de Dieu.

Contrairement à la vision du monde selon laquelle la richesse est une source de liberté, de sécurité, de pouvoir et de bonheur, Jacques souligne que le véritable épanouissement et la sécurité viennent de la confiance en Dieu plutôt que de l'accumulation de richesses terrestres. Ses enseignements encouragent un changement radical de perspective, où l'argent n'est pas considéré comme une fin mais comme un outil pour mener une vie juste et faire progresser le royaume de Dieu. Ainsi, les croyants sont appelés à gérer leurs ressources avec sagesse, reconnaissant que la véritable valeur et la sécurité viennent d'une relation avec Dieu et non de possessions matérielles.

Patience dans la souffrance

James condamne en effet l'attitude des riches qui donnent la priorité à l'acquisition de richesse par tous les moyens possibles, le plus rapidement possible. Cet état d'esprit, axé uniquement sur l'accumulation sans égard aux considérations éthiques ou au bien-être des autres, contraste fortement avec les conseils donnés par James dans le passage suivant. Ici, James conseille aux riches et aux personnes aux moyens modestes de cultiver la patience.

L'appel à la patience reflète la préoccupation plus large de Jacques quant à la manière dont les croyants abordent la vie et la richesse. Dans ce contexte, la patience implique de faire confiance au timing et à la providence de Dieu plutôt que de recourir à des méthodes opportunes ou contraires à l'éthique pour obtenir un gain financier. Il encourage une fidélité et une intégrité durables dans tous les aspects de la vie, y compris les relations économiques.

Pour Jacques, la patience ne consiste pas simplement à attendre passivement, mais à faire activement confiance à la sagesse et à la provision de Dieu tout en vivant fidèlement les principes de justice et de compassion. Cette attitude s'oppose à la recherche égocentrique de la richesse condamnée plus tôt et s'aligne sur une perspective spirituelle plus profonde qui valorise la droiture et la conduite éthique plutôt que le gain matériel immédiat.

Ainsi, l'exhortation de Jacques à pratiquer la patience sert de boussole morale, guidant les croyants loin des pièges de l'avidité et de l'exploitation vers une vie marquée par l'intégrité, la confiance en Dieu et le souci du bien-être des autres.

5:7 Soyez donc patients, frères, jusqu'à l'avènement du Seigneur. Voyez comment le fermier attend patiemment les précieux fruits de la terre jusqu'à ce qu'ils reçoivent les pluies précoces et tardives.

Jacques encourage les croyants à être patients face aux dangers qu'il décrit. Le verbe « makrothymesate » (être patient) exprime un sentiment de retenue, en s'abstenant de riposter à la hâte contre les torts subis. Cette patience est fondée sur la « venue » imminente du Seigneur (v. 8), terme (« parousias ») couramment utilisé pour décrire la visite royale d'un roi. Dans la théologie chrétienne, il fait référence au retour attendu du Christ (cf. Marc 13 :32-37 ; Phil. 4 :5 ; 1 Pierre 4 :7 ; 1 Jean 2 :18).

La métaphore des pluies précoces et tardives dans l'enseignement de James résonne avec le contexte agricole de son auditoire, probablement en Judée. Les pluies précoces sont généralement tombées fin octobre et début novembre, ce qui est crucial pour les semis, tandis que les pluies tardives de fin mars et début avril ont été vitales pour la maturation des cultures. Ces images agricoles mettent en évidence la familiarité de James avec les pratiques agricoles judéennes. Il illustre un principe spirituel : les croyants sont semblables aux agriculteurs qui sèment et entretiennent diligemment leurs récoltes (efforts spirituels) avec des attentes patientes d'une récolte future.

Pour Jacques, cette analogie met en évidence l'importance de la persévérance et de la confiance dans le timing de Dieu. Tout comme un agriculteur ne peut pas précipiter le processus de croissance mais doit patiemment attendre les pluies et la récolte éventuelle, les croyants doivent aussi endurer patiemment les épreuves et les difficultés, faire confiance à la providence de Dieu et attendre l'accomplissement de ses promesses. Cette endurance patiente contraste fortement avec la recherche impulsive de la richesse ou les représailles contre les injustices, mettant l'accent sur une approche de la vie centrée sur la foi, marquée par la fermeté et la confiance dans la direction de Dieu.

5:8 Toi aussi, sois patient. Affermissez vos cœurs, car la venue du Seigneur est proche.

Lorsque le Seigneur reviendra, les croyants recevront leur récompense au tribunal du Christ. En attendant, Jacques exhorte ses lecteurs à « être patients, à fortifier leurs cœurs », en soulignant l'assurance que leur récompense les attend, comme promis par Dieu (cf. Matthieu 6, 20). Cette endurance patiente contraste fortement avec l'état d'esprit des riches qui, consumés par les activités mondaines, donnent la priorité à l'accumulation d'autant de richesses que possible dans le présent.

L'espoir de récompenses futures est une puissante motivation pour les croyants à persévérer malgré les épreuves et les difficultés. Cela les encourage à renforcer leur détermination et à rester fidèles malgré les difficultés, sachant que le prix ultime – les bénédictions éternelles dans la présence de Dieu – est juste devant eux. Cette perspective s'aligne sur les enseignements du Christ, qui a demandé à ses disciples d'amasser des trésors au ciel plutôt que sur terre (Matthieu 6 : 19-21).

Jacques souligne l'urgence de rester ferme, comparant le voyage chrétien à une course où la persévérance est essentielle pour atteindre la ligne d'arrivée et recevoir la plénitude des promesses de Dieu. Cette persévérance est fondée sur la conviction que l'accomplissement des desseins de Dieu est imminent et que chaque instant offre des opportunités de vivre fidèlement et obéissance.

Les conseils de Jacques encouragent les croyants à vivre dans une perspective éternelle, en se concentrant sur des investissements spirituels qui durent au-delà de cette vie. Cette vision remet en question l'attrait de la gratification immédiate et de la richesse matérielle, préconisant plutôt un engagement envers une foi durable et l'attente de la récompense céleste promise à ceux qui suivent fidèlement le Christ.

5:9 Ne vous plaignez pas les uns contre les autres, frères, afin que vous ne soyez pas jugés ; voici, le juge se tient à la porte.

Jacques déconseille aux croyants de se blâmer ou de se plaindre les uns des autres au milieu de leurs inconforts. Il fait la distinction entre les dénonciations manifestes et les expressions subtiles mais dommageables d'amertume ou de ressentiment qui peuvent se manifester par des gémissements ou des soupirs. De telles attitudes, prévient-il, impliquent un jugement inapproprié, faisant écho à ses enseignements antérieurs sur les dangers de la calomnie et des attitudes de jugement (cf. Jacques 4 : 11-12).

L'urgence du message de Jacques est soulignée par la croyance parmi les premiers chrétiens au retour imminent de Jésus-Christ (« parousie »), faisant référence à sa venue attendue. Cette croyance n'était pas une chronologie fixe mais une conviction que le Christ pouvait revenir à tout moment, incitant les croyants à vivre dans la disponibilité et la fidélité. Ce retour imminent du Christ est distinct de sa seconde venue, qui, selon les Écritures, aura lieu après une période de tribulation.

Selon certaines perspectives théologiques comme le point de vue de l'enlèvement avant la tribulation, le concept du retour imminent du Christ affirme que Jésus rassemblera ses disciples avant la période de tribulation décrite dans la prophétie biblique. Cette croyance s'aligne sur l'enseignement du Nouveau Testament sur le retour imminent du Christ, mettant l'accent sur la disponibilité et l'anticipation avec lesquelles les croyants devraient vivre leur vie.

Pour Jacques, le retour imminent de Jésus-Christ est une puissante motivation pour que les croyants vivent avec patience et sacrifice. Il dépeint de manière vivante Jésus « se tenant juste à la porte », symbolisant sa proximité et l'urgence avec laquelle les croyants devraient attendre son retour. Cette anticipation devrait façonner leurs attitudes et leurs actions, favorisant un esprit de patience, de persévérance et de dévotion en vue des récompenses éternelles promises par le Christ à son retour.

5:10 Comme exemple de souffrance et de patience, frères, prenez les prophètes qui ont parlé au nom du Seigneur.

Dans Jacques 1 : 4, le concept de l'endurance patiente dans la souffrance est mis en avant comme une vertu que les croyants doivent cultiver. Cette endurance dans la souffrance trouve une expression exemplaire à travers les prophètes hébreux, qui étaient de puissants modèles de fidélité et de persévérance au milieu des épreuves et des tribulations.

Considérez le prophète Job, réputé pour sa confiance inébranlable en Dieu malgré la perte de sa richesse, de sa santé et de sa famille au cours d'une série d'épreuves dévastatrices. Sa célèbre déclaration : « Même s'il me tue , j'espère en lui » (Job 13 : 15, NIV), incarne l'endurance patiente face à des souffrances importantes.

Un autre exemple notable est celui du prophète Jérémie, souvent appelé le « prophète qui pleure ». Jérémie a fidèlement proclamé la parole de Dieu à une nation désobéissante, endurant la persécution, le rejet et l'emprisonnement. Son engagement inébranlable envers l'appel de Dieu démontre une fidélité durable malgré l'angoisse et l'opposition personnelles.

Le prophète Daniel illustre la résilience et la confiance en Dieu face aux intrigues politiques, à l'exil et à la persécution à Babylone. Malgré les menaces contre sa vie et sa foi, Daniel est resté fidèle à la prière et à la dévotion à Dieu, témoignant finalement de la délivrance et de la souveraineté de Dieu.

Le prophète Isaïe, connu pour ses visions prophétiques et ses messages d'espoir et de restauration, a enduré l'opposition et la persécution pour avoir proclamé la vérité divine au peuple de Juda. Sa détermination à déclarer les promesses de Dieu au milieu de l'adversité est un exemple durable de fidélité et de persévérance.

Ces prophètes, parmi d'autres dans l'Ancien Testament, illustrent la vertu d'une endurance patiente dans la souffrance. Leurs vies et leurs messages résonnent avec l'exhortation de Jacques aux croyants à endurer les épreuves avec une foi inébranlable, en faisant confiance à la fidélité et à la souveraineté de Dieu. Leurs histoires inspirent et encouragent les croyants à persévérer malgré les difficultés, sachant que Dieu est à l'œuvre malgré l'adversité, façonnant et affinant leur foi pour sa gloire.

5:11 Voici, nous considérons bienheureux ceux qui sont restés fermes. Vous avez entendu parler de la fermeté de Job et vous avez vu le dessein du Seigneur, combien le Seigneur est compatissant et miséricordieux.

En examinant le thème de l'endurance patiente dans la souffrance, Job apparaît comme un exemple complexe mais significatif. Bien que Job n'ait pas toujours fait preuve d'une patience parfaite dans ses souffrances, il a finalement décidé d'endurer tout ce qui lui arrivait en attendant la résolution de Dieu au mystère de ses afflictions (cf. Job 13 : 10, 15 ; 16 : 19-21 ; 19 :25).).

Les érudits notent que malgré les moments d'impatience et d'angoisse de Job, il a constamment recommencé à s'engager entièrement envers Dieu, culminant dans un esprit de soumission durable à la fin de son épreuve. Ce voyage de foi, marqué par la lutte contre la justice de Dieu au milieu de souffrances importantes, illustre le genre d'endurance inébranlable que Jacques encourage chez les croyants.

Dans Jacques 5 :7-10, l'auteur plaide pour la « patience » (makrothymie), ce qui implique de s'abstenir de représailles et de persévérer avec constance dans les épreuves. Cela fait écho aux enseignements antérieurs de Jacques sur la foi durable face à diverses épreuves (cf. Jacques 1 : 3) et résonne avec le thème biblique plus large de la persévérance dans la foi (cf. Hébreux 11 : 25).

L'histoire de Job révèle la compassion et la miséricorde de Dieu, en particulier dans la restauration et les bénédictions que Job reçoit après ses épreuves. Son exemple encourage les croyants à continuer de vivre par la foi même lorsqu'ils sont tentés de douter ou de s'écarter de leur confiance en Dieu, comme en témoigne l'appel de Jacques à une fidélité durable au milieu de l'adversité.

Le souci de Jacques tout au long de son épître est d'équiper les croyants pour qu'ils puissent surmonter les réactions du monde face aux injustices et aux épreuves en adoptant un état d'esprit fondé sur les valeurs du royaume de Dieu. Cette perspective permet aux croyants de résister à l'hostilité du monde, en reconnaissant que leur espoir ultime réside dans la souveraineté et la fidélité de Dieu, tout comme Job l'a démontré lors de son épreuve.

5:12 Mais surtout, mes frères, ne jurez pas par le ciel, la terre ou tout autre serment, mais que votre « oui » soit oui et votre « non » soit non, afin que vous ne tombiez pas sous la condamnation.

James souligne que les jurons et les serments précipités sont des manifestations d'impatience, particulièrement en période de stress et d'affliction. Il met en garde contre l'utilisation désinvolte et irrévérencieuse du nom du Seigneur ou contre l'invocation du ciel et de la terre pour confirmer des déclarations (cf. Matthieu 5 : 33-37). Selon Jacques, un tel comportement reflète un manque de maîtrise de soi et un mépris du caractère sacré du nom de Dieu.

Des chercheurs comme Jamieson, Hiebert et Constable expliquent que la préoccupation de James ne concerne pas les serments formels utilisés dans le cadre juridique, mais les conversations quotidiennes où les serments sont utilisés à la légère et sans véritable respect pour leur signification. Cela correspond aux pratiques juives de l'époque et s'étend aux contextes modernes où les individus pouvaient utiliser avec désinvolture un langage religieux ou solennel.

James souligne que notre discours doit être caractérisé par l'intégrité et l'honnêteté, où une simple affirmation ou un déni devrait suffire sans qu'il soit nécessaire de prêter serment supplémentaire pour valider nos déclarations. Cela reflète un engagement plus profond envers la véracité et la fiabilité de notre communication, faisant écho aux enseignements de Jésus sur la nécessité de laisser notre oui et notre non être oui.

Selon James, l'impatience est à l'origine de ces comportements inappropriés, souvent associés aux riches. Cette impatience vient d'un rejet ou d'un oubli de la révélation divine, notamment concernant l'avenir tel qu'il est décrit dans l'Écriture. La connaissance des plans de Dieu pour l'avenir devrait profondément façonner nos décisions quotidiennes, y compris la manière dont nous gérons nos richesses et nous conduisons dans tous les aspects de la vie. Ainsi, Jacques encourage les croyants à aligner leurs attitudes et leurs actions sur la vérité révélée de Dieu, en favorisant une vie marquée par l'intégrité, la patience et l'obéissance fidèle.

La prière de foi

Jacques souligne constamment l'importance de la prière en tant que moyen vital pour les croyants de surmonter les épreuves et les tentations. Tout au long de son épître, il entrelace les thèmes de la patience et de la prière, exhortant ses lecteurs à se tourner vers Dieu dans la prière plutôt que de recourir à des grossièretés ou à d'autres expressions inappropriées d'émotion en période de souffrance.

Au début et à la fin de sa lettre, Jacques souligne la prière comme un outil crucial pour gérer les épreuves (cf. Jacques 1 :5-8 ; 5 :13-18). Il enseigne que la prière recherche la sagesse et la direction de Dieu face aux difficultés et renforce la détermination des croyants à endurer avec patience et foi. Cet accent met en évidence le lien indissociable entre une vie persévérante et une vie de prière, où la prière est une pratique fondamentale qui soutient la fermeté face aux difficultés.

5:13 Quelqu'un parmi vous souffre-t-il ? Laissez-le prier. Quelqu'un est-il joyeux ? Laissez-le chanter des louanges.

Dans Jacques 5 : 13-18, il encourage spécifiquement la prière comme réponse appropriée à la tristesse causée par la souffrance. Plutôt que de permettre à la tristesse de conduire à des paroles ou à des actions inappropriées, Jacques demande aux croyants de canaliser leurs émotions par une communication priante avec Dieu. Cela correspond à son message plus large de vivre par la foi et de faire confiance à la souveraineté de Dieu, quelles que soient les circonstances actuelles.

Jacques met en contraste les expressions appropriées des émotions : la joie doit être exprimée en louant Dieu et en chantant des louanges plutôt qu'en discours inappropriés tels que des jurons. Cela reflète sa conviction que la prière et l'adoration font partie intégrante du maintien d'une vie fidèle et droite, même au milieu des épreuves et des défis.

Ainsi, les enseignements de Jacques sur la prière mettent en évidence son pouvoir transformateur en façonnant les attitudes et les réponses des croyants, leur permettant d'endurer les épreuves avec patience et foi tout en glorifiant Dieu en toutes circonstances.

5:14 Quelqu'un parmi vous est-il malade ? Qu'il appelle les anciens de l'Église et qu'ils prient pour lui, en l'oignant d'huile au nom du Seigneur.

Jacques aborde la question de la maladie, à la fois spirituelle et physique, dans son épître, reconnaissant que s'écarter de la volonté de Dieu peut entraîner des conséquences qui incluent une faiblesse spirituelle et parfois même une maladie physique (Jacques 1 : 15, 21 ; 5 :20). Il fournit des instructions claires sur la manière dont les croyants doivent réagir face à ces défis, en particulier dans Jacques 5 : 14-20.

Jacques conseille aux croyants de prendre des mesures proactives pour faire face à une faiblesse spirituelle ou physique. Plus précisément, il leur ordonne d'appeler les anciens de l'église. Ces anciens sont des dirigeants reconnus au sein de la congrégation et sont responsables de la surveillance et des soins spirituels. Faire appel à eux démontre la confiance en leur autorité spirituelle et leur rôle dans la communauté de foi.

Jacques décrit un double ministère que les anciens doivent accomplir lorsqu'ils y sont appelés : la prière et l'onction d'huile au nom de Jésus. La prière est soulignée comme l'action principale, tandis que l'onction d'huile est une consécration secondaire et symbolique et une dédicace à la puissance de guérison de Dieu. Cette pratique reflète une approche holistique de la guérison, abordant à la fois les dimensions physiques et spirituelles de la maladie.

L'onction d'huile était une pratique culturelle et religieuse courante dans l'ancien Proche-Orient, signifiant guérison et consécration. Dans ce contexte, il symbolise l'invocation par les anciens de la présence et de la puissance de Dieu pour apporter la guérison et la restauration. Il est important de noter que Jacques souligne l'importance de la prière en tant que point central de ce ministère, soulignant son rôle central dans la recherche de l'intervention et de la direction de Dieu.

Aujourd'hui, les instructions de Jacques rappellent aux croyants de s'engager dans leur communauté ecclésiale en cas de besoin, particulièrement en cas de maladie ou de lutte spirituelle. Plutôt que de compter uniquement sur des réseaux personnels ou informels pour obtenir du soutien, James encourage les croyants à impliquer les anciens de l'église qui peuvent fournir des conseils spirituels, une intercession par la prière et une expression tangible de leur foi par l'onction.

Cette approche ne vise pas seulement la guérison physique, mais favorise également la force spirituelle et l'unité au sein du corps du Christ, reflétant la préoccupation holistique de Jacques pour le bien-être des croyants.

Les instructions de Jacques concernant l'appel aux anciens et l'onction d'huile pour les malades donnent un aperçu à la fois des pratiques culturelles de son époque et des soins spirituels au sein de la communauté de l'église primitive.

Premièrement, appeler les anciens signifie reconnaître que la maladie peut être liée à des conditions spirituelles. Cela concorde avec la déclaration ultérieure de Jacques au verset 15, où il relie la maladie au péché et au besoin de pardon et de restauration par la prière et la repentance. Même si les soins médicaux modernes sont essentiels et valorisés, le rôle des aînés se concentre sur la prise en compte des facteurs spirituels qui peuvent contribuer à la maladie ou l'accompagner. Cette surveillance spirituelle est enracinée dans leur responsabilité du bien-être spirituel du troupeau (Hébreux 13 : 17).

La pratique de l'onction avec de l'huile, généralement l'huile d'olive dans les temps anciens, avait une signification symbolique et pratique. Il était apprécié pour ses qualités thérapeutiques et était couramment utilisé à des fins apaisantes et médicinales (Ésaïe 1 :16 ; Luc 10 :34). L'utilisation par James du mot grec « aleiphein », signifiant frotter ou appliquer de l'huile, plutôt que « chrien », qui désigne spécifiquement l'onction cérémonielle religieuse, suggère une application pratique de l'huile pour ses bienfaits médicinaux plutôt qu'un acte sacramentel.

Il existe un débat parmi les chrétiens concernant la continuité de l'onction d'huile en tant que pratique dans l'Église aujourd'hui. Bien qu'il trouve son origine dans les coutumes juives, il n'était pas exclusivement juif, et son application dans le contexte de James met en évidence son utilisation thérapeutique pratique plutôt qu'un rite strictement religieux. Sous la grâce du Christ, les croyants ont la liberté d'observer de telles pratiques, étant entendu que l'accent principal reste sur la restauration spirituelle et physique par la prière et la foi.

Les instructions de Jacques mettent en avant la prise en charge holistique des malades au sein de la communauté chrétienne, intégrant la surveillance spirituelle aux soins pratiques. Cette approche met l'accent sur l'importance de la foi, de la prière et du soutien communautaire en période de maladie, reflétant la responsabilité de l'Église de répondre aux besoins spirituels et physiques de ses membres.

Les instructions de Jacques concernant l'onction d'huile des malades et la participation des anciens révèlent un aperçu des premières pratiques chrétiennes et de leurs implications théologiques.

Premièrement, l'accent mis par Jacques sur l'appel aux anciens et l'onction d'huile suggère une reconnaissance du fait que la maladie peut avoir des racines spirituelles. Même si toute maladie remonte en fin de compte à la Chute et à la destruction de la création, toutes les maladies ne sont pas directement liées à un péché spécifique, comme Jésus l'affirme dans Jean 9 : 3 à propos de l'aveugle. L'acte d'onction d'huile dans le contexte de Jacques était probablement symbolique de l'invocation de la présence guérissante et réconfortante de Dieu, tout comme l'utilisation de l'huile dans l'Ancien Testament comme symbole de la puissance et de la bénédiction du Saint-Esprit (Psaume 23 : 5 ; Ésaïe 61 : 1).).

L'omission par Jacques des instructions de rechercher ceux qui ont le don de guérison implique que de tels individus n'étaient pas courants, même dans l'Église primitive. Au lieu de cela, l'accent a été mis sur la responsabilité communautaire des anciens de prier et de s'occuper des malades, en répondant à leurs besoins spirituels et physiques. Cette approche met en valeur les soins holistiques que la communauté chrétienne est appelée à prodiguer, alliant foi, prière et soutien pratique en période de maladie.

Le mot grec « aleiphein », signifiant frotter ou appliquer de l'huile, plutôt que « chrien », qui désigne spécifiquement l'onction cérémonielle, indique une application pratique de l'huile pour ses qualités apaisantes et peut-être symboliques. Cette pratique était un rappel tangible de la présence et de l'attention de Dieu lors d'une affliction physique.

Notamment, les conseils de Jacques sur l'onction d'huile ont été historiquement interprétés différemment selon les traditions chrétiennes. Par exemple, la doctrine catholique romaine a développé la pratique de l'extrême-onction (onction d'huile les malades à l'approche de la mort) basée en partie sur Jacques 5 : 14. Cette pratique, apparue vers le

VIIIe siècle, reflète une croyance en l'efficacité sacramentelle de l'onction pour le pardon des péchés et la préparation à l'au-delà.

La directive de Jacques d'oindre les malades avec de l'huile et d'impliquer les anciens dans la prière met en évidence le rôle de la communauté chrétienne dans la prise en charge spirituelle et physique des malades. Cette pratique répond aux besoins immédiats et sert de rappel de la présence guérissante de Dieu et du soutien communautaire essentiel à la vie de foi.

5:15 Et la prière de la foi sauvera le malade, et le Seigneur le relèvera. Et s'il a commis des péchés, il lui sera pardonné.

James souligne l'importance de la prière pour répondre aux besoins des malades, en la soulignant comme le principal moyen par lequel la guérison est recherchée au sein de la communauté chrétienne.

Le point central de Jacques 5 : 13-18 est la prière, malgré diverses interprétations concernant la signification de l'onction d'huile. Certains suggèrent que l'onction ne devrait pas éclipser l'accent mis sur la prière elle-même. Les prières des anciens avec foi sont soulignées comme ayant le pouvoir de restaurer ou de guérir la personne malade. Le terme « prière de foi » désigne une prière offerte avec confiance dans la capacité de Dieu à guérir selon sa volonté (Matthieu 8 :1-13 ; Marc 5 :35-42). Cela correspond à la compréhension selon laquelle la guérison ultime vient de Dieu, la prière étant un moyen essentiel par lequel le pouvoir de guérison de Dieu est recherché.

L'onction d'huile dans le contexte de Jacques est considérée comme un acte pratique et symbolique plutôt que comme un rite sacramentel. Il symbolise la présence et les soins de Dieu pendant les périodes d'affliction physique, s'appuyant sur l'utilisation culturelle de l'huile pour ses qualités apaisantes et médicinales (Ésaïe 1 :6 ; Luc 10 :34). L'acte d'onction n'est pas considéré comme la cause directe de la guérison mais comme une expression visible de la confiance dans la provision et les soins de Dieu.

Les instructions de Jacques ne soutiennent pas l'idée selon laquelle la prière avec foi garantit un résultat spécifique simplement parce qu'on prie pour cela. Au lieu de cela, la foi dans la prière est ancrée dans la confiance dans la souveraineté de Dieu et dans ses desseins, et non dans une attente formelle de résultats (Jacques 1 :5-6 ; 2 Corinthiens 12 :7-10). La foi dépend toujours du caractère et des promesses de Dieu, garantissant qu'une prière efficace soit enracinée dans une relation authentique avec Lui.

Concernant les péchés liés à la maladie, Jacques reconnaît que toutes les maladies ne résultent pas directement du péché personnel (Jean 9 : 1-3). Cependant, il souligne la nécessité d'une restauration spirituelle et physique là où le péché peut être un facteur, en mettant l'accent sur la confession et le pardon par la prière (1 Jean 1 : 9 ; Matthieu 6 : 12). Cette approche holistique reflète la préoccupation de James d'aborder les dimensions spirituelles et physiques de la maladie dans la communauté.

Les conseils de Jacques sur la prière et l'onction des malades mettent en évidence la responsabilité de la communauté chrétienne de soutenir et de servir ceux qui sont confrontés à la maladie. La prière, offerte avec foi et dépendance à l'égard de la volonté de Dieu, reste essentielle dans la recherche de la guérison et de la restauration, affirmant la souveraineté de Dieu dans toutes les circonstances de la vie.

5:16 C'est pourquoi confessez-vous vos péchés les uns aux autres et priez les uns pour les autres, afin que vous soyez guéris. La prière d'une personne juste a un grand pouvoir dans la mesure où elle fonctionne.

Jacques demande aux croyants de se confesser mutuellement leurs péchés et de prier les uns pour les autres, soulignant l'interdépendance du bien-être spirituel et physique au sein de la communauté chrétienne.

La confession mutuelle des péchés repose sur la compréhension que le péché peut conduire à des maladies spirituelles et physiques (Jacques 5 : 15, 16). Cette pratique de confession vise à favoriser la transparence et la responsabilité parmi les croyants, en favorisant la santé spirituelle et la restauration relationnelle. Ici, la confession ne

se limite pas aux contextes formels mais encourage une reconnaissance personnelle et privée des torts commis contre autrui (Matthieu 5 : 23-24).

Jacques souligne l'efficacité de la prière dans la guérison, soulignant que les prières offertes par les croyants les uns pour les autres peuvent entraîner une restauration spirituelle et physique (Jacques 5 : 16). Cela correspond aux principes bibliques qui mettent l'accent sur le pouvoir de la prière pour répondre aux besoins personnels et communautaires (Matthieu 18 :19-20 ; Éphésiens 6 :18).

Le contexte de la confession et de la prière implique une dynamique relationnelle où les croyants se soutiennent et intercèdent les uns pour les autres. Cela reflète un engagement envers la croissance spirituelle et le soin mutuel au sein de la communauté confessionnelle, reflétant les principes de pardon et de réconciliation enseignés par Jésus (Colossiens 3 : 12-13).

Dans les mariages, les principes de James encouragent un environnement d'ouverture et de pardon. Les conjoints sont invités à créer un espace sûr où la confession de leurs péchés et l'expression de leurs émotions sont accueillies et soutenues (Éphésiens 4 :31-32 ; 1 Jean 4 :18). Cela favorise l'intimité et la confiance, essentielles au maintien de relations saines et à la résolution des conflits de manière constructive.

En fin de compte, les instructions de Jacques sur la confession et la prière mettent en évidence l'approche holistique de la vie chrétienne, mettant l'accent sur la responsabilité personnelle face au péché et le soutien communautaire par la prière et l'encouragement mutuel. Ces pratiques contribuent à la croissance spirituelle individuelle et renforcent l'unité et la santé de l'Église.

Il semble que vous partagiez des idées ou des citations liées à la pratique de la confession au sein de la foi chrétienne, en particulier dans la lutte contre le péché et dans la recherche du renouveau spirituel. La confession, telle qu'elle est comprise dans diverses traditions chrétiennes, implique la reconnaissance de ses péchés devant Dieu et, dans certains cas, devant les autres croyants pour obtenir responsabilité et soutien. Voici un résumé basé sur les citations et les idées que vous avez présentées :

Portée de la confession : La confession du péché doit correspondre à la portée de son impact. Les péchés privés doivent être confessés en privé, tandis que les péchés affectant autrui ou la communauté peuvent nécessiter une confession publique pour faciliter la guérison et la réconciliation (citation 2).

But de la confession : La confession n'est pas simplement un rituel mais un moyen de recevoir l'aide divine et de faire l'expérience d'un renouveau spirituel. Cela permet aux croyants d'affronter honnêtement leurs péchés et de rechercher le pardon, rétablissant ainsi leur relation avec Dieu et les autres (citation 3).

Confession et vie chrétienne : Bien qu'elle ne soit pas une exigence ou une loi stricte, la confession offre un chemin vers une foi et une fraternité approfondies au sein de la communauté chrétienne. Il fournit un contexte propice au soutien mutuel, à la responsabilité et à l'expérience de la grâce de Dieu pour surmonter le péché et le doute (citation 4).

Perspective historique : Historiquement, des personnalités comme Martin Luther ont souligné que la confession faisait partie intégrante de la vie chrétienne, citant son rôle dans la croissance spirituelle et l'assurance du pardon. Pour Luther, la confession n'était pas seulement une pratique mais un aspect vital de la vie de sa foi (citation 5).

La confession dans le christianisme est une discipline spirituelle qui favorise l'humilité, la responsabilité et la réconciliation. Il vise à cultiver une relation plus profonde avec Dieu et les autres, permettant aux croyants de faire l'expérience du pouvoir transformateur du pardon et de la grâce de Dieu.

Jacques souligne l'efficacité significative de la prière dans la guérison spirituelle et physique, illustrant son propos avec l'exemple de la prière d'Élie (Jacques 5 : 17-18). Voici les points clés dérivés de votre message :

Pouvoir de la prière : Jacques affirme que les prières d'une personne juste sont puissantes et efficaces, capables d'apporter la délivrance spirituelle et physique aux autres. Cette justice ne s'acquiert pas par soi-même, mais vient en confessant ses péchés et en recevant le pardon de Dieu (citation 1).

Efficacité de la prière : L'efficacité de la prière réside dans sa capacité à puiser dans la puissance de Dieu. Il sert de moyen par lequel les croyants accèdent à l'intervention et à la provision divines (citation 2).

L'exemple de Jacques : Historiquement, Jacques lui-même a été l'exemple d'une vie consacrée à la prière. Selon Eusèbe, tiré d' Hégésippe , Jacques était connu pour sa vie de prière pieuse, priant souvent avec ferveur pour le pardon et le bien-être du peuple. Cet engagement dans la prière était si intense qu'il l'affectait physiquement, durcissant ses genoux comme ceux d'un chameau à cause d'un agenouillement prolongé devant Dieu (citation 3).

Jacques souligne l'importance de la prière en tant que pratique centrale dans la vie chrétienne. Il facilite la communion personnelle avec Dieu et sert d'instrument puissant pour intercéder en faveur des autres, démontrant la foi dans la capacité de Dieu à apporter la guérison et la restauration.

Le passage de Jacques 5 : 13-16 aborde un contexte spécifique au sein de la première communauté chrétienne, en se concentrant sur la relation entre le péché, la prière et la guérison. Voici un aperçu des points clés de votre message :

Contexte de la maladie et du péché : L'enseignement de Jacques sur la prière pour les malades n'est pas une promesse générale de guérison de tous les maux physiques, mais aborde spécifiquement la maladie résultant d'un comportement injuste, en particulier les péchés impliquant un mauvais usage de la parole. Il souligne l'importance de s'attaquer aux causes spirituelles profondes lors de la recherche de guérison (citation 1).

Application aujourd'hui : Ce passage reste pertinent pour les croyants d'aujourd'hui. Il encourage l'introspection et le repentir face aux conséquences d'actes pécheurs, conduisant potentiellement à la fois à une restauration spirituelle et, dans des cas spécifiques, à une guérison physique par la prière et la confession (citation 3).

Intervention divine et médicale : Reconnaître que toute guérison vient en fin de compte de Dieu, que ce soit par des moyens médicaux ou une intervention miraculeuse, met l'accent sur l'approche holistique consistant à rechercher une expertise médicale et une intervention divine en cas de maladie (citation 1).

Jacques 5 : 13-16 met en évidence l'interdépendance de la santé spirituelle et physique dans le contexte chrétien. Il encourage les croyants à s'approcher de Dieu dans la prière pour la guérison, en particulier dans les cas où la maladie peut être liée à un péché non avoué, tout en reconnaissant le rôle des professionnels de la santé dans le cadre des dispositions de Dieu en matière de guérison.

5:17 Élie était un homme de nature semblable à la nôtre, et il priait avec ferveur pour qu'il ne pleuve pas, et pendant trois ans et six mois, il ne plut pas sur la terre. 5:18 Puis il pria encore, et le ciel donna de la pluie, et la terre porta ses fruits.

Jacques s'appuie sur l'exemple d'Élie pour illustrer la puissance et l'efficacité de la prière, soulignant qu'Élie, malgré ses expériences extraordinaires, était un être humain ordinaire avec une nature humaine similaire à celle de n'importe qui d'autre.

Nature de la prière d'Élie : Jacques souligne que l'efficacité d'Élie dans la prière n'était pas due uniquement à la ferveur de ses requêtes mais au fait qu'il priait de manière cohérente et en alignement avec la volonté de Dieu (citation 2). L'expression « prié sincèrement » (grec : proseuche proseuxato) met en évidence la persévérance et l'engagement d'Élie dans la prière, en faisant un élément central de son interaction avec Dieu (citation 3).

Influence par la prière : Les prières d'Élie ont influencé les actions de Dieu, en particulier dans l'accomplissement de ses décrets, comme apporter de la pluie après une sécheresse (1 Rois 17 :1 ; 18 :1, 41-45). Cela démontre que la prière permet aux croyants de participer aux plans de Dieu et d'influencer certains résultats selon Sa volonté (citation 4).

Comprendre la volonté de Dieu : Jacques souligne l'importance de connaître et de s'aligner sur la volonté de Dieu dans la prière. Une prière efficace repose sur la compréhension des desseins et des promesses de Dieu, ce qui constitue une base solide pour prier avec foi (citation 5).

Jacques utilise Élie comme exemple pour encourager les croyants à prier de manière cohérente et en accord avec la volonté de Dieu. Cette approche met en évidence le potentiel de tous les croyants, à travers une vie juste et la prière, de voir l'intervention et l'influence de Dieu dans leur vie et leur situation.

Jacques utilise l'exemple d'Élie pour souligner l'impact significatif de la prière et son alignement sur les desseins de Dieu. Voici un résumé et une réflexion sur les points soulevés :

La prière comme collaboration avec Dieu : Comprendre que la prière est un moyen important de coopérer avec Dieu s'aligne sur son caractère bienveillant. Dieu désire impliquer ses enfants dans la réalisation de ses plans, permettant aux croyants de participer activement par l'intercession (citation 2).

L'exemple d'Élie : Jacques oppose l'approche d'Élie à la nécessité d'une résolution pacifique par la prière et la soumission à la volonté de Dieu (citation 3). La vie d'Élie illustre comment la prière peut apporter des résultats transformateurs, démontrant la réactivité de Dieu aux requêtes de son peuple.

Interprétation de Jacques 5 : 13-18 : Bien que certaines interprétations suggèrent que Jacques fait spécifiquement référence au découragement ou à la dépression plutôt qu'à la guérison physique, le contexte soutient une application plus large. Les termes grecs utilisés pour « malade » et « guéri » dans Jacques 5 : 14-16 font généralement référence à des maladies physiques, et il n'y a aucune indication contextuelle les limitant aux conditions psychologiques (citation 4). Jacques utilise probablement l'exemple de la maladie pour souligner la puissance de la prière, encourageant les croyants à prier pour ceux qui luttent à cause d'une maladie provoquée par le péché et à cultiver la patience dans leur propre vie.

Jacques encourage les croyants à s'engager avec ferveur dans la prière, comprenant son pouvoir de réaliser la volonté de Dieu et de contribuer activement à ses desseins rédempteurs. Cela correspond à un récit biblique plus large dans lequel la prière est décrite comme un canal vital par lequel Dieu interagit avec son peuple et accomplit ses plans.

5:19 **Mes frères, si quelqu'un parmi vous s'éloigne de la vérité et que quelqu'un le ramène,**

Jacques conclut son épître en abordant la restauration d'un frère ou d'une sœur qui s'est éloigné de la foi. Cette dernière section résume ses enseignements au chapitre 5. Il s'agit d'une ligne directrice générale pour tout croyant qui aurait pu hésiter dans divers domaines abordés tout au long du livre.

Restaurer ceux qui s'égarent : Jacques souligne que c'est le devoir et le privilège de chaque croyant, et pas seulement des anciens ou des dirigeants de l'Église, d'aider un autre croyant qui a dévié de sa trajectoire (Jacques 5 : 19). Cet acte de restauration s'inscrit dans le contexte plus large de la prière, soulignant l'interdépendance de la prière et du soutien spirituel dans la communauté chrétienne (cf. Ézéchiel 33 :1-9 ; Galates 6 :1).

Application à d'autres erreurs : Jacques aborde spécifiquement la restauration spirituelle de ceux qui se sont égarés. Cependant, ses instructions peuvent être appliquées plus largement à toute personne ayant trébuché dans d'autres domaines évoqués plus tôt dans l'épître. Tout au long de la lettre de Jacques, il aborde des questions telles que le favoritisme, la foi et les œuvres, l'apprivoisement de la langue et la vie selon la sagesse de Dieu. Les principes de correction, de soutien par la prière et de l'importance de revenir aux voies de Dieu s'appliquent à divers aspects de la vie chrétienne.

Les remarques finales de James soulignent l'importance de maintenir une vigilance spirituelle, de se soutenir mutuellement dans la foi et de participer activement au rétablissement de ceux qui se sont égarés. Cette approche favorise une communauté chrétienne saine et solidaire. Il reflète les valeurs fondamentales du pardon, de la grâce et de l'engagement à vivre fidèlement selon la volonté de Dieu.

5:20 faites-lui savoir que quiconque ramènera un pécheur de son errance sauvera son âme de la mort et couvrira de nombreux péchés.

Jacques conclut son épître en abordant la restauration d'un croyant rétrograde, soulignant la nature globale de la rédemption spirituelle et du pardon au sein de la communauté chrétienne.

Âme sauvée de la mort : Jacques utilise le terme « âme » pour englober la personne dans son ensemble, semblable à son utilisation ailleurs dans l'épître (Jacques 1 : 21). L'expression « sauvé de la mort » fait référence à la destruction temporelle plutôt qu'à la damnation éternelle (cf. 1 Corinthiens 3 :15 ; 1 Jean 5 :16). Il met en lumière la restauration et le sauvetage du croyant qui s'est éloigné du chemin de la foi. Les nombreux péchés du rétrograde sont pardonnés et couverts par la repentance et la restauration spirituelle, en s'appuyant sur l'imagerie de l'Ancien Testament où le pardon est souvent décrit comme une couverture du péché.

Solutions pratiques aux problèmes spirituels : Tout au long de son épître, Jacques aborde cinq défis pratiques que les croyants rencontrent lorsqu'ils cherchent à vivre leur foi : les épreuves, la partialité, la parole, les conflits et l'argent. Il identifie ces problèmes, approfondit leurs causes sous-jacentes, identifie les facteurs qui compliquent la situation et prescrit des remèdes pour les surmonter. L'approche de James s'apparente à celle d'un médecin compétent qui diagnostique des maladies et propose un traitement pour favoriser la maturité spirituelle de ses lecteurs.

Pertinence durable : La nature pratique des enseignements de Jacques et son analyse perspicace et ses solutions ont contribué à la popularité durable de cette épître et à sa valeur intemporelle dans le ministère chrétien. En abordant les problèmes de la vie réelle avec une profondeur spirituelle et une sagesse pratique, James fournit un cadre permettant aux croyants de grandir dans la foi, de relever les défis avec sagesse et de favoriser une communauté marquée par la grâce, le pardon et la croissance spirituelle.

L'épître de Jacques aborde des problèmes pratiques spécifiques auxquels les croyants sont confrontés. Il propose des principes et des solutions durables ancrés dans la foi, la sagesse et la maturité spirituelle. Sa pertinence s'étend sur des siècles et trouve un écho auprès des croyants qui cherchent à relever les défis de la vie tout en restant fidèles à la volonté et aux enseignements de Dieu.

Résumé du chapitre 5

Avertissement aux riches oppresseurs (Jacques 5 : 1-6) : Jacques met sévèrement en garde les riches oppresseurs qui ont exploité les pauvres. Il dénonce leur mode de vie luxueux et les injustices qu'ils commettent, notamment le refus de salaires équitables aux ouvriers qui tondent leurs champs. Jacques prophétise un jugement sur eux, soulignant que leur richesse finira par se corroder et témoignera contre eux dans les derniers jours.

Patience dans la souffrance (Jacques 5 : 7-12) : Jacques encourage les croyants à être patients face à la souffrance et aux difficultés, tout comme les agriculteurs attendent patiemment la récolte. Il les exhorte à fortifier leur cœur car la venue du Seigneur est proche . James déconseille de se plaindre et de prêter serment, préconisant plutôt un discours direct ancré dans l'honnêteté et l'intégrité.

Le pouvoir de la prière (Jacques 5 : 13-18) : Jacques souligne l'importance et l'efficacité de la prière dans diverses situations. Il encourage ceux qui souffrent à prier et ceux qui sont joyeux à chanter des louanges. Jacques s'adresse spécifiquement aux malades, leur demandant d'appeler les anciens de l'église pour prier sur eux et les oindre d'huile au nom du Seigneur. Il souligne le pouvoir des prières ferventes, citant Élie comme un homme juste dont les prières ont apporté des résultats significatifs, en particulier sous la pluie et la sécheresse.

Restaurer le croyant égaré (Jacques 5 : 19-20) : Jacques conclut son épître en abordant la responsabilité des croyants de restaurer ceux qui se sont égarés loin de la vérité. Il souligne l'importance de ramener le frère ou la sœur égaré. Il leur rappelle qu'un tel acte recouvre une multitude de péchés. Jacques insiste sur le fait de se guider avec amour les uns les autres vers la fidélité, en accomplissant la loi du Christ.

Thèmes dans Jacques chapitre 5 :

- **Justice sociale et compassion :** James critique l'oppression des pauvres par les riches et appelle à la justice et à un traitement équitable.
- **Patience et endurance :** Les croyants sont encouragés à endurer patiemment les épreuves, en attendant la venue du Seigneur avec une foi inébranlable.
- **Le pouvoir de la prière :** La prière est présentée comme un outil puissant dans des contextes personnels et communautaires, démontrant son efficacité dans la guérison et la restauration spirituelle.
- **Responsabilité communautaire :** les croyants sont responsables du bien-être spirituel de chacun, y compris du soutien par la prière et de la restauration aimante de ceux qui se sont égarés.

Points clés à retenir:

- Jacques souligne la nécessité d'une foi authentique exprimée à travers des œuvres de compassion et de justice.
- Le chapitre met en évidence le rôle de la prière dans la recherche de l'intervention et de la guérison de Dieu.
- La restauration et la réconciliation au sein de la communauté chrétienne sont essentielles pour vivre la foi.

Le chapitre 5 de Jacques offre des conseils pratiques sur la justice sociale, l'endurance dans la souffrance, le pouvoir de la prière et la responsabilité des croyants de se restaurer les uns les autres dans l'amour et la vérité. Il se termine par un appel à une vie fidèle, en anticipant le retour du Seigneur.

Chapitre 5 Prière

Dieu,

Nous venons devant vous avec un cœur rempli de gratitude pour votre présence dans nos vies. Merci pour la sagesse et les conseils de ta Parole, en particulier dans les paroles de Jacques chapitre 5. En réfléchissant à ces enseignements, Seigneur, nous nous rappelons l'importance de la foi, de la patience et de la prière dans notre marche quotidienne avec toi.

Père, nous élevons ceux d'entre nous qui font face à des épreuves et des difficultés. Accorde-leur la force d'endurer, sachant que tu es proche et que tes projets sont toujours pour notre bien. Aide-nous à être patients, comme le fermier qui attend les précieux fruits de la terre, en faisant confiance à ton timing parfait.

Nous prions pour ceux qui sont malades parmi nous, tant physiquement que spirituellement. Puissent-ils trouver la guérison et la restauration grâce à votre puissant pouvoir. Nous demandons votre sagesse aux anciens de notre église alors qu'ils prient pour les malades et les oignent d'huile. Puisse votre touche de guérison apporter réconfort et renouveau à ceux qui en ont besoin.

Seigneur, nous confessons nos péchés devant toi, sachant que ton pardon couvre une multitude de torts. Aide-nous à vivre une vie intègre et honnête, en nous parlant sincèrement et avec amour. Guide-nous dans nos relations afin que nous soyons prompts à pardonner et désireux de restaurer ceux qui se sont éloignés de la vérité.

Père, nous te remercions pour le privilège de la prière, sachant que c'est par la prière que nous nous associons à toi dans tes desseins divins. Que nos prières soient ferventes et efficaces, confiantes en votre pouvoir pour provoquer des changements miraculeux dans nos vies et dans le monde.

Enfin, Seigneur, aide-nous à être vigilants et fidèles dans l'attente de la venue de ton Fils, Jésus-Christ. Garde-nous fermes dans notre foi, remplis d'espoir et d'attente de ton glorieux retour.

Au nom de Jésus, nous prions,

Amen.

du chapitre 5

Que nous enseigne Jacques concernant la richesse et sa nature temporelle ?

Que dit Jacques à propos des salaires des ouvriers qui ont été retenus ?

Comment Jacques encourage-t-il les croyants qui souffrent ?

Sur quoi Jacques insiste-t-il à propos de la patience dans la souffrance ?

Qu'est-ce que Jacques demande à ceux qui souffrent ?

Quelle est la promesse associée à la prière de la foi ?

Quel exemple Jacques donne-t-il pour illustrer le pouvoir de la prière ?

Qu'est-ce que Jacques demande aux croyants de faire si quelqu'un s'éloigne de la vérité ?

Que dit Jacques à propos du serment ?

Comment Jacques décrit-il la prière efficace d'un juste ?

Que dit Jacques sur le fait de se plaindre les uns contre les autres ?

Que dit Jacques à propos de ceux qui ont vécu dans le luxe et l'autosatisfaction ?

Que dit Jacques à propos de la prière offerte avec foi ?

Quel exemple tiré de l'Ancien Testament Jacques utilise-t-il pour illustrer son enseignement sur la prière ?

Comment Jacques décrit-il la venue du Seigneur ?

Que dit Jacques à propos des riches qui oppriment les autres ?

Quelle instruction Jacques donne-t-il concernant les serments ?

Que dit Jacques à propos de la confession mutuelle des péchés ?

Quelle est la promesse associée au fait de ramener un vagabond de la vérité ?

Quel est le thème général du chapitre 5 de Jacques ?

du Livre de Jacques

Le Livre de Jacques, attribué à Jacques, le frère de Jésus, est une lettre pratique et instructive abordant divers problèmes auxquels les premiers chrétiens étaient confrontés. Voici un résumé détaillé :

Introduction (Jacques 1 : 1) : Jacques se présente comme un serviteur de Dieu et du Seigneur Jésus-Christ, mettant l'accent sur l'humilité et son autorité en tant que leader de l'église primitive.

Endurance et maturité (Jacques 1 :2-18) : Jacques encourage les croyants à considérer les épreuves comme des opportunités de croissance dans la foi et l'endurance. Il enseigne que Dieu donne généreusement la sagesse à ceux qui la demandent avec foi et met en garde contre l'esprit partagé.

Entendre et mettre en pratique la Parole (Jacques 1 : 19-27) : Jacques met l'accent sur l'obéissance à la Parole de Dieu. Il oppose la vraie religion, prendre soin des veuves et des orphelins et se préserver des souillures du monde, avec de simples rituels religieux.

Favorisisme et foi (Jacques 2 : 1-26) : Jacques condamne la partialité et le favoritisme au sein de l'Église, rappelant aux croyants que la vraie foi se manifeste par les actions. Il utilise des exemples comme le traitement des riches et des pauvres et l'exemple d'Abraham pour illustrer la foi qui fonctionne.

Apprivoiser la langue (Jacques 3 : 1-12) : Jacques aborde le pouvoir de la langue, mettant en garde contre son potenticl nocif et exhortant les croyants à l'utiliser pour bénir et non pour maudire. Il compare la langue à un petit gouvernail qui dirige un navire.

La sagesse d'en haut (Jacques 3 : 13-18) : Jacques oppose la sagesse terrestre, caractérisée par la jalousie et l'ambition égoïste, à la sagesse d'en haut, qui est pure, paisible, douce et miséricordieuse. Il encourage les croyants à rechercher la sagesse par l'humilité.

Avertissement contre la mondanité (Jacques 4 : 1-17) : Jacques affronte les attitudes mondaines telles que l'ambition égoïste, les querelles et la convoitise. Il appelle les croyants à s'humilier devant Dieu, à résister au diable et à se rapprocher de Dieu par la repentance et la soumission.

Dénoncer l'oppression et faire confiance à Dieu (Jacques 5 : 1-12) : Jacques condamne les riches qui oppriment les pauvres et retiennent leurs salaires. Il exhorte à la patience et à l'endurance dans la souffrance, en soulignant le jugement à venir et la nécessité de faire confiance à la justice de Dieu.

Le pouvoir de la prière (Jacques 5 : 13-20) : Jacques souligne l'importance de la prière dans les moments de souffrance, de maladie et de joie. Il encourage à se confesser mutuellement ses péchés, à prier pour la guérison et à restaurer ceux qui s'éloignent de la vérité.

Conclusion (Jacques 5 :19-20) : Jacques conclut en exhortant les croyants à ramener ceux qui se sont éloignés de la vérité, sachant que cela sauvera des âmes et couvrira de nombreux péchés.

Thèmes :

- **Foi et œuvres** : Jacques enseigne que la foi authentique en Christ se manifeste par une vie d'obéissance et de bonnes œuvres.
- **Sagesse** : Il souligne l'importance de rechercher et d'appliquer quotidiennement la sagesse de Dieu.
- **Contrôle de la langue** : Le pouvoir de la parole et son potentiel de bien ou de mal est un thème récurrent.
- **Humilité et soumission** : Jacques appelle les croyants à s'humilier devant Dieu et à se soumettre à sa volonté.
- **Justice et souci des autres** : Il plaide pour la justice, le souci des marginalisés et le traitement éthique des autres.
- **Endurance et patience** : Face aux épreuves et à la souffrance, Jacques encourage l'endurance et la patience, sachant que Dieu récompense ceux qui persévèrent.

Le Livre de Jacques est un guide pratique pour la vie chrétienne, axé sur la foi authentique, la conduite sage et l'importance de vivre ses croyances par des actions qui honorent Dieu et profitent aux autres.

PARTIE 3 : Testez vos connaissances

<u>Questions vraies ou fausses</u>

Vrai ou faux : Jacques, l'auteur de l'épître, s'identifie comme le frère de Jésus.

Vrai ou faux : Selon James, les épreuves et les tests doivent être considérés comme de la joie car ils produisent de l'endurance et de la maturité.

Vrai ou faux : Jacques enseigne que Dieu tente les gens ayant de mauvais désirs pour tester leur foi.

Vrai ou faux : James met en garde contre le simple fait d'écouter la parole sans faire ce qu'elle dit, en la comparant au fait de se regarder dans un miroir et d'oublier son apparence.

Vrai ou faux : Jacques soutient que la foi sans les œuvres est morte, en utilisant l'exemple d'Abraham offrant Isaac comme preuve que la foi se manifeste par les actions.

Vrai ou faux : Jacques condamne le favoritisme manifesté envers les riches lors des rassemblements religieux et exhorte à traiter tout le monde sur un pied d'égalité.

Vrai ou faux : Selon Jacques, la langue est une petite partie du corps mais peut se vanter de grandes choses et enflammer tout le cours de la vie.

Vrai ou faux : Jacques enseigne que la sagesse terrestre mène à la paix et à l'harmonie entre les croyants.

Vrai ou faux : Jacques encourage les croyants à résister au diable, à se rapprocher de Dieu et à purifier leur cœur, en les mettant en garde contre la double pensée .

Vrai ou faux : James critique ceux qui se vantent de leurs projets d'avenir sans reconnaître la volonté de Dieu.

Vrai ou faux : James dénonce les riches oppresseurs qui ont accumulé des richesses au détriment du paiement de salaires équitables à leurs travailleurs.

Vrai ou faux : Jacques encourage la patience et l'endurance dans la souffrance, en utilisant les prophètes et Job comme exemples de persévérance.

Vrai ou faux : Selon James, prêter serment est acceptable lorsqu'on fait des promesses ou des engagements importants.

Vrai ou faux : Jacques enseigne que la prière offerte avec foi peut guérir les malades et les restaurer, encourageant les croyants à se confesser mutuellement leurs péchés pour la guérison.

Vrai ou faux : Jacques déclare qu'Élie était un homme avec une nature comme la nôtre, soulignant la puissance de ses prières comme exemple de prière efficace et fervente.

Vrai ou faux : Jacques conclut son épître en exhortant les croyants à ramener ceux qui se sont éloignés de la vérité et à couvrir de nombreux péchés par l'amour et le pardon.

Vrai ou faux : Jacques souligne que la sagesse terrestre, caractérisée par l'envie et l'ambition égoïste, vaut mieux que la sagesse d'en haut, qui est pure et paisible.

Vrai ou faux : Jacques encourage les croyants à être prompts à écouter, lents à parler et à se mettre en colère, soulignant l'importance de contrôler sa langue.

Vrai ou faux : Selon Jacques, la vraie religion implique de prendre soin des veuves et des orphelins et de se préserver des souillures du monde.

Vrai ou faux : Jacques enseigne qu'une personne qui connaît le bien qu'elle devrait faire et ne le fait pas pèche.

<u>Questions à choix multiple</u>

Selon Jacques, quelle devrait être la réponse des croyants confrontés à des épreuves ?

- A) Amertume
- B) Joie

- C) Ressentiment
- D) Indifférence

Selon Jacques, que devrait demander une personne qui manque de sagesse ?

- A) Patience
- B) Richesse
- C) Le doute
- D) La sagesse de Dieu

À quoi Jacques compare-t-il la foi sans les œuvres ?

- A) Un cadavre
- B) Un nuage sans pluie
- C) Une ombre dans la nuit
- D) Un instant éphémère

James met en garde contre le favoritisme envers qui ?

- A) Les pauvres
- B) Les riches
- C) Les personnes âgées
- D) Les malades

D'après Jacques, qu'est-ce qui est une petite partie du corps mais qui possède de grandes choses ?

- A) La langue
- B) Le coeur
- C) La main
- D) L'oeil

Selon Jacques, quelle sorte de sagesse conduit au désordre et à toutes les mauvaises pratiques ?

- A) La sagesse terrestre
- B) Sagesse céleste
- C) Sagesse intellectuelle
- D) Sagesse morale

Qu'est-ce que Jacques demande aux croyants de faire en réponse à la souffrance et aux difficultés ?

- A) Chercher à se venger
- B) Comptez tout cela comme de la joie
- C) Se plaindre haut et fort
- D) Cachez-vous

Jacques encourage les croyants à mettre en pratique la parole, et pas seulement _____.

- A) Les auditeurs
- B) Penseurs
- C) Lecteurs
- D) Écrivains

Selon Jacques, lequel des énoncés suivants ne devrait pas venir de la même bouche ?

- A) Bénédiction et malédiction
- B) Louange et critique
- C) Parler et écouter
- D) Enseignement et apprentissage

À quoi James compare la vie des riches ?

- A) Une brise passagère
- B) Une fleur fanée
- C) Un lion rugissant
- D) Une ombre passagère

Selon Jacques, quelle est la source des querelles et des conflits entre les croyants ?

- A) Envie et ambition égoïste
- B) Manque de prière
- C) Mauvais leadership
- D) Ignorance des Écritures

Jacques enseigne que la prière de la foi sauvera qui ?

- A) Les riches et les puissants
- B) Les justes et les saints
- C) Les malades et les personnes en difficulté
- D) Les personnes âgées et sages

Selon Jacques, que devrait-on faire pour un malade parmi les croyants ?

- A) Ils devraient prier seuls
- B) Appelez les anciens de l'église à prier et à les oindre d'huile
- C) Consulter un médecin uniquement
- D) Ignorer leur maladie

Jacques condamne ceux qui planifient leur vie sans reconnaître la volonté de qui ?

- A) Les leurs
- B) Le gouvernement
- C) Dieu

- D) Le destin

Selon Jacques, qu'est-ce qui est une religion pure et sans souillure devant Dieu ?

- A) Se garder des plaisirs du monde
- B) Visiter les orphelins et les veuves dans leur détresse
- C) Jeûner et prier quotidiennement
- D) Donner généreusement à l'église

Selon Jacques, pourquoi les croyants devraient-ils être lents à parler et lents à se mettre en colère ?

- A) Pour éviter d'offenser les autres
- B) Cultiver la sagesse et la droiture
- C) Maintenir un environnement paisible
- D) Faire preuve d'humilité et de douceur

James prévient que l'amitié avec le monde est quoi ?

- A) Inoffensif
- B) Rentable
- C) Inimitié avec Dieu
- D) Un signe de maturité

Jacques demande aux croyants de se soumettre à Dieu et de résister à qui ?

- A) Le diable
- B) Leurs pairs
- C) Chiffres d'autorité
- D) Leurs propres désirs

Selon Jacques, quel est le résultat de la patience et de l'endurance dans la souffrance ?

- A) Richesse et prospérité
- B) Bonheur et épanouissement
- C) La vie éternelle
- D) Couronne de vie

Selon James, que devrait faire une personne si elle connaît le bien qu'elle devrait faire et ne le fait pas ?

- A) Repentez-vous et confessez-vous
- B) Rechercher le pardon de Dieu
- C) Priez pour la force
- D) C'est un péché pour eux

<u>Questions à combler</u>

Jacques commence sa lettre en encourageant les croyants à considérer cela comme un __________ pur chaque fois qu'ils sont confrontés à des épreuves de toutes sortes.

"Ne vous contentez pas d'écouter la parole pour vous tromper vous-mêmes. __________ elle."

"La religion que Dieu notre Père accepte comme pure et irréprochable est celle-ci : prendre soin des orphelins et des veuves dans leur détresse et se garder de __________."

"Mais l'homme qui regarde attentivement la loi parfaite qui donne la liberté et continue de le faire, sans oublier ce qu'il a entendu, mais en le faisant - __________ - sera béni dans ce qu'il fait."

« À quoi bon, mes frères, si un homme prétend avoir la foi mais n'a pas __________ ?

"Vous voyez qu'une personne est justifiée par ce qu'elle fait et non par __________ seul."

"Mais la sagesse qui vient du ciel est avant tout __________."

" Soumettez-vous donc à Dieu. __________ et il fuira loin de vous. "

"Est-ce que l'un d'entre vous a des ennuis ? Il devrait __________."

" Confessez donc vos péchés les uns aux autres et à __________."

"La prière d'un homme juste est __________."

"Élie était un homme comme nous. Il priait sincèrement pour qu'il ne __________, et il ne pleuvait pas sur le pays pendant trois ans et demi."

"Mes frères, si l'un de vous s'éloigne de la vérité et que quelqu'un le ramène, souvenez-vous de ceci : celui qui détourne un pécheur de son erreur le sauvera de __________."

"Surtout, mes frères, ne jurez pas, ni par le ciel, ni par la terre, ni par quoi que ce soit d'autre. Que votre "oui" soit __________."

" Soyez donc patients, frères, jusqu'à ce que le Seigneur vienne. Voyez comment le fermier __________. "

"La langue aussi est un __________, un monde de mal parmi les parties du corps."

"Vous ne l'avez pas parce que vous ne l'avez pas __________."

"Humiliez-vous devant le Seigneur, et il __________."

"Mais la sagesse qui vient du ciel est __________."

" Confessez donc vos péchés les uns aux autres et priez les uns pour les autres afin que vous soyez __________. "

<u>Questions à réponse courte</u>
Que dit Jacques à propos des épreuves et de leur but ?
Selon Jacques, quelle devrait être notre réponse à la parole de Dieu ?
Comment Jacques décrit-il la religion pure ?
Quel avertissement Jacques donne-t-il à propos de la langue ?
Comment Jacques décrit-il la foi sans les actes ?
Quel exemple Jacques utilise-t-il pour illustrer la foi et les œuvres ?
Qu'enseigne Jacques sur l'amitié avec le monde ?
Selon Jacques, comment les croyants devraient-ils gérer les conflits et les querelles ?
Qu'enseigne Jacques sur la patience et l'endurance dans les épreuves ?
Comment Jacques décrit-il la prière ?
Que dit Jacques à propos de la vantardise concernant l'avenir ?
Selon Jacques, comment les croyants devraient-ils traiter les pauvres et les riches ?
Quels conseils Jacques donne-t-il concernant le serment ?
Comment Jacques définit-il la vraie sagesse ?
Que dit Jacques à propos des riches qui oppriment les pauvres ?
Selon Jacques, comment les croyants devraient-ils réagir face au péché ?

Comment Jacques décrit-il l'attitude appropriée à l'égard de la loi de Dieu ?

Que dit Jacques à propos de la foi et des œuvres concernant la justification ?

Comment Jacques encourage-t-il les croyants à endurer la souffrance et les épreuves ?

Qu'enseigne Jacques sur le pouvoir de la prière concernant Élie ?

Bibliographie

Adamson, JB, 1976. *L'épître de Jacques* . Nouveau commentaire international sur la série du Nouveau Testament. Grand Rapids : Wm. B. Eerdmans Publishing Co., réimprimé éd. 1984.

Alford, H., 1880-1884. *Le Testament grec* . 4 vol. Nouvelle éd. Cambridge : Deighton, Bell et Co.

Barclay, W., 1964. *Les lettres de James et Peter* . La série Daily Study Bible. 2e éd. Édimbourg : Saint Andrew Press.

Barclay, W., 1964. *Mots du Nouveau Testament* . Londres : SCM.

Baxter, JS, 1960. *Explorez le livre* . Un vol. éd. Grand Rapids : Maison d'édition Zondervan, 1980.

Brooks, KL, 1962. *James—La croyance en l'action* . Apprenez-vous la série Bible. Chicago : Institut biblique Moody.

Campbell, KD, 2017. Lamentation de Jacques et sa signification pour l'Église. *Journal de la Société théologique évangélique* , 60(1), pp.125-38.

Carson, DA & Moo, DJ, 2005. *Une introduction au Nouveau Testament* . 2e éd. Grand Rapids : Zondervan.

Cedar, PA, 1984. *James, 1, 2 Peter, Jude* . La série de commentaires du communicateur. Waco : livres de mots.

Darby, JN, 1942. *Synopsis des livres de la Bible* . Éd. révisé. 5 vol. New York : Éditeurs Loizeaux Brothers.

Davids, PH, 1982. *L'épître de Jacques* . Série de commentaires sur le Nouveau Testament international grec. Grand Rapids : Wm. B.Eerdmans Publishing Co.

Guthrie, D., 1962. *Introduction du Nouveau Testament : Hébreux à l'Apocalypse* . 2e éd. réimprimé. Londres : Tyndale Press.

Henry, M., 1961. *Commentaire sur toute la Bible* . Un volume éd. Edité par Leslie F. Church. Grand Rapids : Zondervan Publishing Co.

Ice, TD, 1994. Herméneutique dispensationnelle. Dans : WR Willis & JR Master, éd. *Problèmes de dispensationalisme* . Chicago : Moody Press, pp.29-49.

Jamieson, R., Fausset, AR et Brown, D., 1961. *Commentaire pratique et explicatif sur toute la Bible* . Réimpression éd. Grand Rapids : Maison d'édition Zondervan.

Josèphe, F., 1866. *Les œuvres de Flavius Josèphe* . Traduit par William Whiston. Londres : T. Nelson and Sons, réimprimé éd. 1988. Peabody, Massachusetts : Éditeurs Hendrickson.

Ladd, GE, 1974. *Une théologie du Nouveau Testament* . Grand Rapids : Wm. B. Eerdmans Publishing Co., réimprimé éd. 1979.

Lenski, RCH, 1963. *L'interprétation de l'épître aux Hébreux et de l'épître de Jacques* . Réimpression éd. Minneapolis : Maison d'édition d'Augsbourg.

McGee, JV, 1983. *À travers la Bible avec J. Vernon McGee* . 5 vol. Pasadena, Californie : via The Bible Radio ; et Nashville : Thomas Nelson, Inc.

Moo, DJ, 1985. *La Lettre de James* . Série de commentaires sur le Nouveau Testament de Tyndale. Grand Rapids : Wm. B.Eerdmans Publishing Co.

Morgan, GC, 1912. *Messages vivants des livres de la Bible* . 2 vol. New York : Fleming H. Revell Co.

Pentecôte, JD, 1971. Le but de la loi. *Bibliotheca Sacra* , 128(511), pages 227-33.

Ryrie, CC, 1959. *Théologie biblique du Nouveau Testament* . Chicago : Moody Press.

Stott, JRW, 1964. *Introduction de base au Nouveau Testament* . 1ère éd. américaine. Grand Rapids : Wm. B.Eerdmans Publishing Co.

Swindoll, CR, 2017. *La Bible d'étude Swindoll* . Carol Stream, Illinois : Éditeurs Tyndale House.

Tenney, MC, 1953. *Le Nouveau Testament : Une enquête historique et analytique* . Grand Rapids : Wm. B. Eerdmans Publishing Co., réimprimé éd. 1957.

Thiessen, HC, 1943. *Introduction au Nouveau Testament* . Grand Rapids : Wm. B. Eerdmans Publishing Co., réimprimé éd. 1962.

Wiersbe , WW, 1978. *Soyez mature* . Série de livres BE. Wheaton : Publications de Presse biblique, Victor Books.

Winkler, ET, 1888. Commentaire sur l'épître de Jacques. Dans : A. Hovey, éd. *Un commentaire américain sur le Nouveau Testament* . Réimpression éd. Philadelphie : American Baptist Press.

Guide de réponses

Réponses du chapitre 1

Quelle est la principale raison pour laquelle Jacques dit que les croyants devraient considérer comme une grande joie le fait de faire face à diverses épreuves ?

- Parce que la mise à l'épreuve de leur foi produit la persévérance (Jacques 1 : 2-3).

Quel est le résultat ultime si on laisse la persévérance finir son œuvre ?

- Afin que les croyants soient mûrs et complets, ne manquant de rien (Jacques 1 : 4).

Que doit faire un croyant s'il manque de sagesse ?

- Ils devraient demander à Dieu, qui donne généreusement à tous sans trouver de faute, et cela leur sera accordé (Jacques 1 : 5).

Comment un croyant devrait-il demander la sagesse ?

- Dans la foi, sans douter (Jacques 1 : 6).

Qu'arrive-t-il à une personne qui doute lorsqu'elle demande la sagesse ?

- Ils sont comme une vague de la mer, soufflée et agitée par le vent, et ils ne doivent pas s'attendre à recevoir quoi que ce soit du Seigneur (Jacques 1 :6-7).

Comment décrit-on une personne qui doute ?

- Résolus et instables dans tout ce qu'ils font (Jacques 1 : 8).

Comment les croyants issus de circonstances modestes devraient-ils considérer leur situation ?

- Ils devraient être fiers de leur position élevée (Jacques 1 : 9).

Comment les riches devraient-ils considérer leur situation ?

- Ils devraient être fiers de leur humiliation car ils passeront comme des fleurs sauvages (Jacques 1 : 10).

Quelle analogie Jacques utilise-t-il pour décrire la nature temporaire de la richesse ?

- Les riches disparaîtront même s'ils font des affaires, comme un soleil brûlant flétrit une plante et ses fleurs tombent (Jacques 1 : 11).

Qu'est-ce qui est promis à ceux qui persévèrent malgré l'épreuve ?

- Ils recevront la couronne de vie que le Seigneur a promise à ceux qui l'aiment (Jacques 1 : 12).

Que ne devrait-on pas dire lorsqu'on est tenté ?

- « Dieu me tente », car Dieu ne peut pas être tenté par le mal, et il ne tente personne non plus (Jacques 1 : 13).

Comment se produit la tentation, selon Jacques ?

- Chaque personne est tentée lorsqu'elle est entraînée par son propre mauvais désir et séduite (Jacques 1 : 14).

Quelle est la progression du péché décrite dans Jacques 1 : 15 ?

- Le désir conçoit et enfante le péché ; une fois adulte, le péché donne naissance à la mort (Jacques 1 : 15).

Sur quoi les croyants ne devraient-ils pas être trompés ?

- Tout don bon et parfait vient d'en haut, descendant du Père des lumières célestes, qui ne change pas comme les ombres changeantes (Jacques 1 : 16-17).

Comment Dieu a-t-il choisi de nous donner naissance ?

- Grâce à la parole de vérité, nous pourrions être les prémices de tout ce qu'il a créé (Jacques 1 : 18).

Comment les croyants devraient-ils réagir lorsqu'ils entendent la Parole de Dieu ?

- Ils devraient être prompts à écouter, lents à parler et lents à se mettre en colère (Jacques 1 : 19).

Pourquoi les croyants devraient-ils se débarrasser de toute saleté morale et de tout mal ?

- Parce que cela entrave leur capacité à accepter humblement la Parole implantée en eux, qui peut les sauver (Jacques 1 : 21).

Que dit Jacques à propos du simple fait d'écouter la Parole ?

- Ne vous contentez pas d'écouter la Parole pour vous tromper vous-mêmes. Faites ce qui est dit (Jacques 1:22).

Comment Jacques décrit-il quelqu'un qui écoute la Parole mais ne fait pas ce qu'elle dit ?

- Ils sont comme quelqu'un qui regarde son visage dans un miroir et, après s'être regardé, s'en va et oublie immédiatement à quoi il ressemble (Jacques 1 : 23-24).

Qu'est-ce qui est promis à ceux qui regardent attentivement la loi parfaite qui donne la liberté et qui y perdure ?

- Ils seront bénis dans ce qu'ils font (Jacques 1 :25).

Réponses du chapitre 2

Contre quoi Jacques met-il en garde dans le chapitre 2 ?

- Faire preuve de favoritisme ou de partialité basé sur les apparences extérieures (Jacques 2 : 1-4).

Selon Jacques, comment les chrétiens devraient-ils traiter les riches et les pauvres ?

- Avec autant de respect et d'amour, sans faire preuve de favoritisme (Jacques 2 : 1-9).

Quelle analogie Jacques utilise-t-il pour illustrer son propos sur la foi et les œuvres ?

- Il compare la foi sans les œuvres au fait de dire à une personne affamée : « Va en paix, sois réchauffée et rassasiée », sans pourvoir à ses besoins physiques (Jacques 2 : 15-16).

Comment Jacques décrit-il la foi sans les œuvres ?

- Comme mort (Jacques 2:17).

Quelle figure de l'Ancien Testament Jacques utilise-t-il pour illustrer la foi démontrée à travers les œuvres ?

- Abraham, qui offrit Isaac sur l'autel (Jacques 2 : 21-23).

Qui d'autre Jacques utilise-t-il comme exemple de foi manifestée à travers les œuvres ?

- Rahab, la prostituée, a caché les espions et a sauvé sa famille (Jacques 2 :25).

Que soutient Jacques à propos de la foi et des œuvres ?

- Cette foi sans les œuvres est inefficace et ne peut pas sauver (Jacques 2 :14, 17, 26).

Comment Jacques répond-il à quelqu'un qui prétend avoir la foi mais qui n'a pas les œuvres ?

- Il les met au défi de démontrer leur foi par des actions (Jacques 2 : 18).

Selon Jacques, quel est le lien entre la foi et les œuvres ?

- La foi est démontrée et complétée par les œuvres (Jacques 2 :22).

Que dit Jacques sur l'importance d'obéir à toute la loi ?

- Il affirme que le non-respect d'une partie de la loi rend une personne coupable d'enfreindre la loi dans son ensemble (Jacques 2 : 10-11).

Qu'enseigne Jacques sur la miséricorde et le jugement ?

- Cette miséricorde triomphe du jugement (Jacques 2 : 13).

Comment Jacques défie-t-il ses lecteurs concernant leur foi ?

- Il les met au défi de montrer leur foi par des actions et des paroles (Jacques 2 : 18).

Quel exemple Jacques utilise-t-il pour souligner le point concernant la foi et les œuvres ?

- L'exemple de donner des vêtements et de la nourriture à un frère ou une sœur dans le besoin (Jacques 2 : 15-16).

Selon Jacques, quel genre de foi les démons ont-ils ?

- Ils croient en l'existence de Dieu et frémissent, mais leur foi n'est pas une foi salvatrice (Jacques 2 : 19).

Comment Jacques décrit-il la loi de la liberté ?

- La loi royale commande d'aimer notre prochain comme nous le faisons (Jacques 2 : 8).

Que dit Jacques à propos de la foi qui manque d'œuvres ?

- Qu'il est mort (Jacques 2:17).

Que veut dire Jacques par être justifié par les œuvres ?

- Ces œuvres sont la preuve ou le fruit d'une véritable foi salvatrice (Jacques 2 : 21-24).

Selon Jacques, comment les croyants devraient-ils traiter ceux qui viennent dans leur assemblée ?

- Avec le même respect et l'hospitalité, quels que soient leur richesse ou leur statut (Jacques 2 : 1-4).

Quel est le principal message que Jacques veut que ses lecteurs comprennent à propos de la foi et des œuvres ?

- Cette foi authentique produit naturellement de bonnes œuvres, preuve visible d'un cœur transformé (Jacques 2 : 14-26).

Comment Jacques conclut-il sa discussion sur la foi et les œuvres ?

En affirmant que la foi sans les œuvres est morte, en soulignant l'importance de démontrer la foi par les actions (Jacques 2 :26).

Réponses du chapitre 3

Sur quoi Jacques souligne-t-il comme aspect crucial de la maturité chrétienne au chapitre 3 ?

- James souligne l'importance de contrôler la langue.

Selon Jacques, pourquoi devrait-on aspirer à devenir enseignant dans l'Église ?

- Jacques prévient que les enseignants seront jugés plus strictement pour leurs paroles et leurs actes (Jacques 3 : 1).

Quelles illustrations Jacques utilise-t-il pour illustrer le pouvoir de la langue ?

- Jacques compare la langue à un mors dans la bouche d'un cheval et au gouvernail d'un bateau (Jacques 3 : 3-4).

Quelle analogie Jacques utilise-t-il pour décrire comment la langue peut déclencher des conséquences importantes ?

- Jacques compare la langue à une petite étincelle qui peut mettre le feu à une forêt (Jacques 3 : 5-6).

Quel contraste Jacques fait-il entre les capacités de la langue et son potentiel nocif ?

- Jacques souligne que si la langue peut louer Dieu, elle peut aussi maudire les êtres humains, qu'il compare à une source produisant de l'eau fraîche et amère (Jacques 3 : 9-12).

Selon Jacques, quel genre de sagesse est terrestre et démoniaque ?

- La sagesse terrestre est caractérisée par la jalousie, l'ambition égoïste et le désordre (Jacques 3 : 14-16).

Quelles sont les caractéristiques de la sagesse d'en haut, telle que décrite par Jacques ?

- La sagesse d'en haut est pure, pacifique, douce, raisonnable, pleine de miséricorde et de bons fruits, impartiale et sincère (Jacques 3 : 17).

Comment Jacques relie-t-il la sagesse au rétablissement de la paix ?

- Jacques affirme que ceux qui sont sages sèmeront des graines de paix et récolteront une moisson de justice (Jacques 3 : 18).

Que met en garde Jacques contre les dangers d'un discours incontrôlé ?

- Jacques prévient qu'une langue incontrôlée peut conduire à des conséquences destructrices et qu'elle est difficile à apprivoiser (Jacques 3 : 7-8).

Sur quel principe spirituel Jacques insiste-t-il concernant le pouvoir de la langue ?

- Jacques souligne que la langue, bien que petite, a le pouvoir de diriger et d'influencer comme le gouvernail d'un bateau (Jacques 3 : 4-5).

Comment Jacques utilise-t-il des analogies avec la nature pour illustrer ses propos sur la langue ?

- Jacques compare la langue à un mors dans la gueule d'un cheval et à une petite étincelle qui peut allumer un feu de forêt, soulignant sa puissance et son potentiel de destruction (Jacques 3 : 3-6).

Pourquoi Jacques met-il en garde contre le fait de chercher à devenir enseignant ?

- Jacques prévient que les enseignants seront jugés plus strictement en raison de leur influence et de leur responsabilité dans la direction des autres (Jacques 3 : 1).

Selon Jacques, quelles sont les caractéristiques de la sagesse terrestre ?

- La sagesse terrestre est caractérisée par la jalousie, l'ambition égoïste et le désordre (Jacques 3 : 14-16).

Quel rôle la langue joue-t-elle dans la discussion de Jacques sur la foi et les actions ?

- Jacques relie la langue à l'expression de la foi et au besoin d'actions alignées sur les paroles (Jacques 3 : 9-12).

Comment Jacques décrit-il la nature de la langue ?

- Jacques décrit la langue comme une partie du corps petite mais puissante qui peut bénir et maudire (Jacques 3 : 5-10).

Quels conseils Jacques donne-t-il à ceux qui aspirent à devenir enseignants ?

- Jacques conseille aux futurs enseignants de réfléchir au poids de leur responsabilité et au jugement auquel ils seront confrontés pour leurs paroles et leurs enseignements (Jacques 3 : 1).

Comment Jacques relie-t-il la sagesse au comportement ?

- Jacques souligne que la vraie sagesse se manifeste dans des paroles, des actions et des comportements qui reflètent les principes divins (Jacques 3 : 13-18).

Selon Jacques, quels sont les fruits de la sagesse d'en haut ?

- Les fruits de la sagesse d'en haut incluent la justice, la paix, la miséricorde et le souci sincère des autres (Jacques 3 : 17-18).

À quoi Jacques compare-t-il la langue en ce qui concerne son potentiel de préjudice et d'influence ?

- Jacques compare la langue à une petite étincelle qui peut allumer un grand feu, soulignant son potentiel de pouvoir destructeur (Jacques 3 : 5-6).

Quel est le lien entre l'enseignement de Jacques sur la langue et les thèmes plus larges de la vie chrétienne ?

- L'enseignement de Jacques sur la langue souligne l'importance de l'intégrité, de l'humilité et de la sagesse divine dans la parole et la conduite, reflétant l'appel chrétien à vivre d'une manière qui honore Dieu et promeut la paix (Jacques 3 : 13-18).

Réponses du chapitre 4

Qu'est-ce qui cause les conflits et les querelles entre les gens, selon Jacques 4 ?

- James identifie les conflits comme découlant de désirs égoïstes qui se battent au sein des individus.

Comment Jacques décrit-il ceux qui sont amis avec le monde ?

- Jacques les décrit comme des ennemis de Dieu, indiquant que l'amitié avec le monde est une inimitié envers Dieu.

Selon Jacques, qu'est-ce que Dieu donne aux humbles ?

- Dieu donne grâce aux humbles (Jacques 4 : 6).

Que veut dire Jacques par « purifiez vos cœurs » ?

- Jacques signifie nettoyer nos attitudes intérieures et nos motivations de la double pensée et des désirs mondains.

Contre quoi Jacques met-il en garde au verset 11 concernant le fait de parler contre les autres ?

- Jacques met en garde contre le fait de dire du mal ou de juger les autres, car cela se place au-dessus de la loi et des juges.

Comment Jacques illustre-t-il la folie de se vanter de ses projets futurs sans reconnaître la souveraineté de Dieu ?

- Jacques utilise l'exemple de marchands se vantant de leurs projets sans reconnaître le contrôle de Dieu sur leurs résultats futurs.

Que dit Jacques au sujet du péché par omission au chapitre 4 ?

- Jacques souligne le péché de savoir ce qu'il faut faire (reconnaître la souveraineté de Dieu) mais de ne pas le faire.

Comment Jacques conclut-il son argument sur la soumission à Dieu ?

- Jacques conclut en soulignant que ne pas se soumettre à Dieu, même sans péché manifeste, est un péché.

Quelle déclaration proverbiale Jacques utilise-t-il pour conclure le chapitre 4 ?

- Jacques conclut par la déclaration proverbiale : « C'est pourquoi celui qui sait faire le bien et ne le fait pas, c'est un péché pour lui » (Jacques 4 : 17).

Comment Jacques décrit-il l'attitude appropriée que les chrétiens devraient avoir envers la volonté de Dieu ?

- Les chrétiens devraient dire : « Si le Seigneur le veut, nous vivrons et ferons ceci ou cela » (Jacques 4 : 15), reconnaissant la souveraineté de Dieu dans leurs plans.

Qu'est-ce que James exhorte ses lecteurs à faire au lieu de se juger les uns les autres ?

- Jacques exhorte ses lecteurs à se soumettre les uns aux autres avec humilité et amour plutôt que de porter des jugements (Jacques 4 : 12).

Selon Jacques, pourquoi se vanter de ses projets futurs sans reconnaître la souveraineté de Dieu est-il considéré comme un mal ?

- Elle est considérée comme mauvaise parce qu'elle s'élève au-dessus de l'autorité de Dieu et refuse de dépendre de Lui (Jacques 4 : 16).

Quel rôle l'humilité joue-t-elle dans les enseignements de Jacques au chapitre 4 ?

- L'humilité est au cœur des enseignements de Jacques car elle implique de se soumettre à Dieu, de résister à l'orgueil et de reconnaître notre dépendance à son égard.

Comment Jacques décrit-il les conséquences de l'amitié avec le monde ?

- L'amitié avec le monde fait de chacun un ennemi de Dieu, car elle donne la priorité aux désirs du monde plutôt qu'à l'obéissance à Dieu (Jacques 4 : 4).

Qu'enseigne Jacques sur l'importance de se soumettre à la volonté de Dieu ?

- Jacques enseigne que se soumettre à la volonté de Dieu implique de résister au diable, de s'approcher de Dieu et de purifier son cœur (Jacques 4 : 7-8).

Pourquoi Jacques met-il l'accent sur la brièveté et l'incertitude de la vie ?

- Jacques met l'accent sur ces points pour souligner l'importance de vivre en accord avec la volonté de Dieu et de ne pas présumer de l'avenir (Jacques 4 : 13-14).

Comment Jacques illustre-t-il la relation entre l'humilité et le fait de recevoir la grâce ?

- Jacques enseigne que Dieu fait grâce aux humbles mais s'oppose aux orgueilleux (Jacques 4 :6).

Que veut dire Jacques par « purifier vos cœurs » ?

- Purifier votre cœur implique de purifier vos motivations et vos désirs intérieurs, en les alignant sur la volonté de Dieu plutôt que sur vos ambitions égoïstes (Jacques 4 : 8).

Comment Jacques utilise-t-il les références de l'Ancien Testament pour étayer ses enseignements sur l'humilité et la soumission à Dieu ?

- Jacques se réfère aux passages de l'Ancien Testament sur la jalousie de Dieu et son opposition aux orgueilleux pour souligner l'importance de l'humilité et de la soumission (Jacques 4 : 5-6).

Quels conseils pratiques Jacques donne-t-il pour vivre selon la volonté de Dieu au chapitre 4 ?

- Jacques conseille à ses lecteurs de se soumettre à Dieu, de résister au diable, de s'approcher de Dieu par la prière et la repentance, et de s'abstenir de dire du mal des autres (Jacques 4 : 7-12).

Réponses du chapitre 5

Que nous enseigne Jacques concernant la richesse et sa nature temporelle ?

- Jacques avertit les riches de pleurer et de hurler à cause des misères qui les attendront, car leurs richesses périront et leurs richesses se corroderont (Jacques 5 : 1-3).

Que dit Jacques à propos des salaires des ouvriers qui ont été retenus ?

- Jacques condamne les riches qui retiennent le salaire de leurs ouvriers, déclarant que leurs cris sont parvenus aux oreilles du Seigneur de Sabaoth (Jacques 5 : 4).

Comment Jacques encourage-t-il les croyants qui souffrent ?

- Jacques les encourage à être patients, comme le fermier attendant le précieux fruit de la terre, et à affermir leur cœur, car la venue du Seigneur est proche (Jacques 5 : 7-8).

Sur quoi Jacques insiste-t-il à propos de la patience dans la souffrance ?

- Jacques souligne que les croyants ne doivent pas se plaindre les uns contre les autres mais doivent être patients, comme les prophètes qui ont parlé au nom du Seigneur (Jacques 5 : 9).

Qu'est-ce que Jacques demande à ceux qui souffrent ?

- Jacques leur demande de prier. Il les encourage à chanter des louanges s'ils sont joyeux et à appeler les anciens de l'église à prier pour eux et à les oindre d'huile au nom du Seigneur (Jacques 5 : 13-14).

Quelle est la promesse associée à la prière de la foi ?

- Jacques promet que la prière de la foi sauvera les malades et que le Seigneur les ressuscitera. Il assure également qu'ils seront pardonnés s'ils ont commis des péchés (Jacques 5 : 15).

Quel exemple Jacques donne-t-il pour illustrer le pouvoir de la prière ?

- Jacques utilise Élie comme exemple, soulignant comment Élie a prié sincèrement pour qu'il ne pleuve pas, et il n'a pas plu pendant trois ans et demi. Puis il pria de nouveau, et les cieux donnèrent de la pluie (Jacques 5 : 17-18).

Qu'est-ce que Jacques demande aux croyants de faire si quelqu'un s'éloigne de la vérité ?

- Jacques demande aux croyants de ramener celui qui s'éloigne de la vérité, sachant que quiconque ramènera un pécheur de son égarement sauvera son âme de la mort et couvrira de nombreux péchés (Jacques 5 : 19-20).

Que dit Jacques à propos du serment ?

- Jacques conseille aux croyants de ne pas jurer, ni par le ciel ni par la terre, mais de laisser leur « oui » être oui et leur « non » être non, de peur qu'ils ne tombent en jugement (Jacques 5 : 12).

Comment Jacques décrit-il la prière efficace d'un juste ?

- Jacques le décrit comme puissant et efficace, affirmant que la prière fervente d'une personne juste a une grande puissance lorsqu'elle fonctionne (Jacques 5 : 16).

Que dit Jacques sur le fait de se plaindre les uns contre les autres ?

- Jacques met en garde contre les récriminations les uns contre les autres, exhortant les croyants à être patients jusqu'à la venue du Seigneur (Jacques 5 : 9).

Que dit Jacques à propos de ceux qui ont vécu dans le luxe et l'autosatisfaction ?

- Jacques condamne ceux qui ont vécu dans le luxe et l'autosatisfaction, les avertissant des misères qui les attendent en raison de leur oppression et de leur exploitation des autres (Jacques 5 : 5).

Que dit Jacques à propos de la prière offerte avec foi ?

- Jacques assure que la prière offerte avec foi sauvera les malades et que le Seigneur les relèvera ; aussi, s'ils ont commis des péchés, ils seront pardonnés (Jacques 5 : 15).

Quel exemple tiré de l'Ancien Testament Jacques utilise-t-il pour illustrer son enseignement sur la prière ?

- Jacques utilise Élie comme exemple de personne juste dont la prière était puissante et efficace, apportant des résultats significatifs (Jacques 5 : 17-18).

Comment Jacques décrit-il la venue du Seigneur ?

- Jacques le décrit comme proche, exhortant les croyants à être patients et à affermir leur cœur face à la souffrance et aux épreuves (Jacques 5 : 7-8).

Que dit Jacques à propos des riches qui oppriment les autres ?

- Jacques condamne les riches qui oppriment les autres et retiennent leur salaire, les avertissant du jugement imminent et des misères qui les attendent (Jacques 5 : 1-6).

Quelle instruction Jacques donne-t-il concernant les serments ?

- Jacques demande aux croyants de ne pas jurer par le ciel, la terre ou tout autre serment, mais de laisser leur oui et leur non être oui pour éviter de tomber dans le jugement (Jacques 5 : 12).

Que dit Jacques à propos de la confession mutuelle des péchés ?

- Jacques demande aux croyants de se confesser mutuellement leurs péchés et de prier les uns pour les autres afin d'être guéris, soulignant l'importance de la prière et du soutien mutuel (Jacques 5 : 16).

Quelle est la promesse associée au fait de ramener un vagabond de la vérité ?

- Jacques promet que quiconque ramènera un pécheur de l'errance sauvera son âme de la mort et couvrira de nombreux péchés (Jacques 5 :20).

Quel est le thème général du chapitre 5 de Jacques ?

- Le thème principal est l'appel à la patience, à la prière et à l'endurance face à la souffrance et aux épreuves, en mettant l'accent sur le jugement prochain de Dieu et sur l'importance d'une vie juste.

Testez vos réponses de connaissances

<u>Questions vraies ou fausses</u>

Vrai ou faux : Jacques, l'auteur de l'épître, s'identifie comme le frère de Jésus.

Réponse : Vrai (Jacques 1 : 1)

Vrai ou faux : Selon James, les épreuves et les tests doivent être considérés comme de la joie car ils produisent de l'endurance et de la maturité.

Réponse : Vrai (Jacques 1 : 2-4)

Vrai ou faux : Jacques enseigne que Dieu tente les gens ayant de mauvais désirs pour tester leur foi.

Réponse : Faux (Jacques 1:13)

Vrai ou faux : James met en garde contre le simple fait d'écouter la parole sans faire ce qu'elle dit, en la comparant au fait de se regarder dans un miroir et d'oublier son apparence.

Réponse : Vrai (Jacques 1 : 22-24)

Vrai ou faux : Jacques soutient que la foi sans les œuvres est morte, en utilisant l'exemple d'Abraham offrant Isaac comme preuve que la foi se manifeste par les actions.

Réponse : Vrai (Jacques 2 : 21-24)

Vrai ou faux : Jacques condamne le favoritisme manifesté envers les riches lors des rassemblements religieux et exhorte à traiter tout le monde sur un pied d'égalité.

Réponse : Vrai (Jacques 2 : 1-9)

Vrai ou faux : Selon Jacques, la langue est une petite partie du corps mais peut se vanter de grandes choses et enflammer tout le cours de la vie.

Réponse : **Vrai** (Jacques 3 : 5-6)

Vrai ou faux : Jacques enseigne que la sagesse terrestre mène à la paix et à l'harmonie entre les croyants.

Réponse : **Faux** (Jacques 3 : 14-16)

Vrai ou faux : Jacques encourage les croyants à résister au diable, à se rapprocher de Dieu et à purifier leur cœur, en les mettant en garde contre la double pensée .

Réponse : **Vrai** (Jacques 4 : 7-8)

Vrai ou faux : Jacques critique ceux qui se vantent de leurs projets d'avenir sans reconnaître la volonté de Dieu.

Réponse : **Vrai** (Jacques 4 : 13-17)

Vrai ou faux : James dénonce les riches oppresseurs qui ont accumulé des richesses au détriment du paiement de salaires équitables à leurs travailleurs.

Réponse : **Vrai** (Jacques 5 : 1-6)

Vrai ou faux : Jacques encourage la patience et l'endurance dans la souffrance, en utilisant les prophètes et Job comme exemples de persévérance.

Réponse : **Vrai** (Jacques 5 : 7-11)

Vrai ou faux : Selon James, prêter serment est acceptable lorsqu'on fait des promesses ou des engagements importants.

Réponse : **Faux** (Jacques 5 :12)

Vrai ou faux : Jacques enseigne que la prière offerte avec foi peut guérir les malades et les restaurer, encourageant les croyants à se confesser mutuellement leurs péchés pour la guérison.

Réponse : **Vrai** (Jacques 5 : 13-16)

Vrai ou faux : Jacques déclare qu'Élie était un homme avec une nature comme la nôtre, soulignant la puissance de ses prières comme exemple de prière efficace et fervente.

Réponse : **Vrai** (Jacques 5 : 17-18)

Vrai ou faux : Jacques conclut son épître en exhortant les croyants à ramener ceux qui se sont éloignés de la vérité et à couvrir de nombreux péchés par l'amour et le pardon.

Réponse : **Vrai** (Jacques 5 : 19-20)

Vrai ou faux : Jacques souligne que la sagesse terrestre, caractérisée par l'envie et l'ambition égoïste, vaut mieux que la sagesse d'en haut, qui est pure et paisible.

Réponse : **Faux** (Jacques 3 : 13-17)

Vrai ou faux : Jacques encourage les croyants à être prompts à écouter, lents à parler et à se mettre en colère, soulignant l'importance de contrôler sa langue.

Réponse : **Vrai** (Jacques 1:19)

Vrai ou faux : Selon Jacques, la vraie religion implique de prendre soin des veuves et des orphelins et de se préserver des souillures du monde.

Réponse : **Vrai** (Jacques 1:27)

Vrai ou faux : Jacques enseigne qu'une personne qui connaît le bien qu'elle devrait faire et ne le fait pas pèche.

Réponse : **Vrai** (Jacques 4 :17)

<u>Questions à choix multiple</u>

Selon Jacques, quelle devrait être la réponse des croyants confrontés à des épreuves ?

- A) Amertume
- B) Joie

- C) Ressentiment
- D) Indifférence
- **Réponse : B** (Jacques 1:2)

Selon Jacques, que devrait demander une personne qui manque de sagesse ?

- A) Patience
- B) Richesse
- C) Le doute
- D) La sagesse de Dieu
- **Réponse : D** (Jacques 1:5)

À quoi Jacques compare-t-il la foi sans les œuvres ?

- A) Un cadavre
- B) Un nuage sans pluie
- C) Une ombre dans la nuit
- D) Un instant éphémère
- **Réponse : A** (Jacques 2 :26)

James met en garde contre le favoritisme envers qui ?

- A) Les pauvres
- B) Les riches
- C) Les personnes âgées
- D) Les malades
- **Réponse : B** (Jacques 2 : 1-4)

D'après Jacques, qu'est-ce qui est une petite partie du corps mais qui possède de grandes choses ?

- A) La langue
- B) Le coeur
- C) La main
- D) L'oeil
- **Réponse : A** (Jacques 3 : 5)

Selon Jacques, quelle sorte de sagesse conduit au désordre et à toutes les mauvaises pratiques ?

- A) La sagesse terrestre
- B) Sagesse céleste
- C) Sagesse intellectuelle
- D) Sagesse morale
- **Réponse : A** (Jacques 3:15)

Qu'est-ce que Jacques demande aux croyants de faire en réponse à la souffrance et aux difficultés ?

- A) Chercher à se venger
- B) Comptez tout cela comme de la joie
- C) Se plaindre haut et fort
- D) Cachez-vous
- **Réponse : B** (Jacques 1 : 2-4)

Jacques encourage les croyants à mettre en pratique la parole, et pas seulement _____.

- A) Les auditeurs
- B) Penseurs
- C) Lecteurs
- D) Écrivains
- **Réponse : A** (Jacques 1:22)

Selon Jacques, lequel des énoncés suivants ne devrait pas venir de la même bouche ?

- A) Bénédiction et malédiction
- B) Louange et critique
- C) Parler et écouter
- D) Enseignement et apprentissage
- **Réponse : A** (Jacques 3:10)

À quoi James compare la vie des riches ?

- A) Une brise passagère
- B) Une fleur fanée
- C) Un lion rugissant
- D) Une ombre passagère
- **Réponse : D** (Jacques 1 : 10-11)

Selon Jacques, quelle est la source des querelles et des conflits entre les croyants ?

- A) Envie et ambition égoïste
- B) Manque de prière
- C) Mauvais leadership
- D) Ignorance des Écritures
- **Réponse : A** (Jacques 4 : 1-2)

Jacques enseigne que la prière de la foi sauvera qui ?

- A) Les riches et les puissants
- B) Les justes et les saints
- C) Les malades et les personnes en difficulté
- D) Les personnes âgées et sages
- **Réponse : C** (Jacques 5:15)

Selon Jacques, que devrait-on faire pour un malade parmi les croyants ?

- A) Ils devraient prier seuls
- B) Appelez les anciens de l'église à prier et à les oindre d'huile
- C) Consulter un médecin uniquement
- D) Ignorer leur maladie
- **Réponse : B** (Jacques 5:14)

Jacques condamne ceux qui planifient leur vie sans reconnaître la volonté de qui ?

- A) Les leurs
- B) Le gouvernement
- C) Dieu
- D) Le destin
- **Réponse : C** (Jacques 4 : 13-15)

Selon Jacques, qu'est-ce qui est une religion pure et sans souillure devant Dieu ?

- A) Se garder des plaisirs du monde
- B) Visiter les orphelins et les veuves dans leur détresse
- C) Jeûner et prier quotidiennement
- D) Donner généreusement à l'église
- **Réponse : B** (Jacques 1:27)

Selon Jacques, pourquoi les croyants devraient-ils être lents à parler et lents à se mettre en colère ?

- A) Pour éviter d'offenser les autres
- B) Cultiver la sagesse et la droiture
- C) Maintenir un environnement paisible
- D) Faire preuve d'humilité et de douceur
- **Réponse : B** (Jacques 1 : 19-20)

James prévient que l'amitié avec le monde est quoi ?

- A) Inoffensif
- B) Rentable
- C) Inimitié avec Dieu
- D) Un signe de maturité
- **Réponse : C** (Jacques 4 : 4)

Jacques demande aux croyants de se soumettre à Dieu et de résister à qui ?

- A) Le diable
- B) Leurs pairs
- C) Chiffres d'autorité

- D) Leurs propres désirs
- **Réponse : A** (Jacques 4 : 7)

Selon Jacques, quel est le résultat de la patience et de l'endurance dans la souffrance ?

- A) Richesse et prospérité
- B) Bonheur et épanouissement
- C) La vie éternelle
- D) Couronne de vie
- **Réponse : D** (Jacques 1:12)

Selon James, que devrait faire une personne si elle connaît le bien qu'elle devrait faire et ne le fait pas ?

- A) Repentez-vous et confessez-vous
- B) Rechercher le pardon de Dieu
- C) Priez pour la force
- D) C'est un péché pour eux
- **Réponse : D** (Jacques 4 :17)

Questions à combler

Jacques commence sa lettre en encourageant les croyants à considérer cela comme du __________ pur chaque fois qu'ils sont confrontés à des épreuves de toutes sortes.

Réponse : la joie (Jacques 1 : 2)

"Ne vous contentez pas d'écouter la parole pour vous tromper vous-mêmes. __________ elle."

Réponse : Faire quoi (Jacques 1 : 22)

"La religion que Dieu notre Père accepte comme pure et irréprochable est celle-ci : prendre soin des orphelins et des veuves dans leur détresse et se garder de __________."

Réponse : être pollué par le monde (Jacques 1 :27)

"Mais l'homme qui regarde attentivement la loi parfaite qui donne la liberté et continue de le faire, sans oublier ce qu'il a entendu, mais en le faisant - __________ - sera béni dans ce qu'il fait."

Réponse : il sera béni dans ce qu'il fait (Jacques 1 : 25)

« À quoi bon, mes frères, si un homme prétend avoir la foi mais n'a pas __________ ?

Réponse : les actes (Jacques 2 :14)

"Vous voyez qu'une personne est justifiée par ce qu'elle fait et non par __________ seul."

Réponse : la foi (Jacques 2 :24)

"Mais la sagesse qui vient du ciel est avant tout __________."

Réponse : pur (Jacques 3 :17)

" Soumettez-vous donc à Dieu. __________ et il fuira loin de vous. "

Réponse : Résistez au diable (Jacques 4 : 7)

"Est-ce que l'un d'entre vous a des ennuis ? Il devrait __________."

Réponse : priez (Jacques 5 :13)

" Confessez donc vos péchés les uns aux autres et à __________."

Réponse : priez les uns pour les autres (Jacques 5 : 16)

"La prière d'un homme juste est __________."

Réponse : puissant et efficace (Jacques 5 :16)

"Élie était un homme comme nous. Il priait sincèrement pour qu'il ne __________, et il ne pleuvait pas sur le pays pendant trois ans et demi."

Réponse : pluie (Jacques 5 :17)

"Mes frères, si l'un de vous s'éloigne de la vérité et que quelqu'un le ramène, souvenez-vous de ceci : celui qui détourne un pécheur de son erreur le sauvera de __________."

Réponse : la mort (Jacques 5 : 19-20)

"Surtout, mes frères, ne jurez pas, ni par le ciel, ni par la terre, ni par quoi que ce soit d'autre. Que votre "oui" soit __________."

Réponse : oui, et votre « Non », non (Jacques 5 :12)

" Soyez donc patients, frères, jusqu'à ce que le Seigneur vienne. Voyez comment le fermier __________."

Réponse : attend que la terre donne sa précieuse récolte (Jacques 5 : 7)

"La langue aussi est un __________, un monde de mal parmi les parties du corps."

Réponse : petite partie (Jacques 3 :6)

"Vous ne l'avez pas parce que vous ne l'avez pas __________."

Réponse : demandez (Jacques 4 : 2)

"Humiliez-vous devant le Seigneur, et il __________."

Réponse : vous élève (Jacques 4 :10)

"Mais la sagesse qui vient du ciel est __________."

Répondre: avant tout , pur (Jacques 3:17)

" Confessez donc vos péchés les uns aux autres et priez les uns pour les autres afin que vous soyez __________. "

Réponse : guéri (Jacques 5 :16)

<u>**Questions à réponse courte**</u>

Que dit Jacques à propos des épreuves et de leur but ?

Réponse : Jacques enseigne que les épreuves produisent la persévérance et la maturité dans la foi (Jacques 1 : 2-4).

Selon Jacques, quelle devrait être notre réponse à la parole de Dieu ?

Réponse : Nous ne devons pas seulement écouter la parole de Dieu, mais aussi faire ce qu'elle dit (Jacques 1 :22).

Comment Jacques décrit-il la religion pure ?

Réponse : Une religion pure et irréprochable implique de prendre soin des veuves et des orphelins en détresse et de se garder d'être pollué par le monde (Jacques 1 : 27).

Quel avertissement Jacques donne-t-il à propos de la langue ?

Réponse : Jacques prévient que la langue, bien que petite, peut causer de grands dégâts comme une petite étincelle qui met le feu à une forêt (Jacques 3 : 5-6).

Comment Jacques décrit-il la foi sans les actes ?

Réponse : Jacques décrit la foi sans les œuvres comme morte et inutile (Jacques 2 : 17).

Quel exemple Jacques utilise-t-il pour illustrer la foi et les œuvres ?

Réponse : Jacques utilise l'exemple d'Abraham offrant Isaac pour montrer que la foi sans les œuvres est incomplète (Jacques 2 : 21-23).

Qu'enseigne Jacques sur l'amitié avec le monde ?

Réponse : Jacques prévient que l'amitié avec le monde est une inimitié envers Dieu, et que quiconque veut être ami du monde devient ennemi de Dieu (Jacques 4 : 4).

Selon Jacques, comment les croyants devraient-ils gérer les conflits et les querelles ?

Réponse : Les croyants devraient rechercher la sagesse de Dieu et ne pas permettre à la jalousie et à l'ambition égoïste de conduire à des conflits (Jacques 3 :13-18 ; 4 :1-3).

Qu'enseigne Jacques sur la patience et l'endurance dans les épreuves ?

Réponse : Jacques encourage les croyants à être patients et à endurer les épreuves, sachant que le Seigneur est compatissant et miséricordieux (Jacques 5 : 7-11).

Comment Jacques décrit-il la prière ?

Réponse : Jacques décrit la prière comme puissante et efficace, en particulier la prière d'une personne juste (Jacques 5 : 16).

Que dit Jacques à propos de la vantardise concernant l'avenir ?

Réponse : Jacques met en garde contre la vantardise concernant le lendemain, car la vie est incertaine et dépend de la volonté de Dieu (Jacques 4 : 13-15).

Selon Jacques, comment les croyants devraient-ils traiter les pauvres et les riches ?

Réponse : Jacques enseigne que les croyants ne devraient pas faire preuve de favoritisme basé sur la richesse, mais traiter tout le monde de manière égale avec amour et respect (Jacques 2 : 1-9).

Quels conseils Jacques donne-t-il concernant le serment ?

Réponse : Jacques déconseille de prêter serment, exhortant les croyants à laisser leur « oui » être oui et leur « non » être non (Jacques 5 : 12).

Comment Jacques définit-il la vraie sagesse ?

Réponse : Selon Jacques, la vraie sagesse se caractérise par la pureté, la sérénité , la douceur et la volonté de se céder aux autres (Jacques 3 : 17).

Que dit Jacques à propos des riches qui oppriment les pauvres ?

Réponse : Jacques condamne les riches qui oppriment les pauvres, les mettant en garde contre le jugement et la nature éphémère de la richesse (Jacques 5 : 1-6).

Selon Jacques, comment les croyants devraient-ils réagir face au péché ?

Réponse : Les croyants devraient se confesser mutuellement leurs péchés et prier les uns pour les autres pour obtenir la guérison et le pardon (Jacques 5 : 16).

Comment Jacques décrit-il l'attitude appropriée à l'égard de la loi de Dieu ?

Réponse : Jacques enseigne que les croyants doivent accomplir la loi royale de l'amour et ne pas faire preuve de partialité, accomplissant ainsi la loi du Christ (Jacques 2 : 8-9).

Que dit Jacques à propos de la foi et des œuvres concernant la justification ?

Réponse : Jacques soutient que la foi sans les œuvres est morte, illustrant que la foi authentique se manifeste par les actions (Jacques 2 : 14-26).

Comment Jacques encourage-t-il les croyants à endurer la souffrance et les épreuves ?

Réponse : Jacques encourage les croyants à considérer toute la joie lorsqu'ils font face aux épreuves, sachant que les épreuves produisent la fermeté et la maturité (Jacques 1 : 2-4).

Qu'enseigne Jacques sur le pouvoir de la prière concernant Élie ?

Réponse : Jacques enseigne que la prière d'Élie était puissante et efficace, démontrant l'efficacité d'une prière fervente offerte avec foi (Jacques 5 : 17-18).